R 20728

Paris
1793

Delisle de Sales, Jean-Baptiste Claude Izouard (ou Isoard de Lisle) dit

Histoire philosophique du monde primitif

4

R. 2946.
C. 13.

à conserver

HISTOIRE
DU
MONDE PRIMITIF

HISTOIRE
PHILOSOPHIQUE
DU
MONDE PRIMITIF

PAR L'AUTEUR
DE LA
PHILOSOPHIE DE LA NATURE.

QUATRIEME EDITION.

Entièrement refondue et augmentée de plusieurs Volumes.

TOME IV.

A PARIS

M. DCC. XCIII.

AVIS.

Le commencement de ce Volume ayant été imprimé dans un temps d'orage, et loin des reviseurs ordinaires, on prie le lecteur de corriger à la main les fautes suivantes qui s'y sont glissé.

Page 4 ligne 18 . . . . routes *lisez* voutes.
17 . . . 2 . . . Théodorci . . . . Théodoric
27 . . . . 2 . . . les deux points qui sont après ENSEMBLE, doivent être mis après LAVES.
30 . . . . 2 . . . s'élevat . . . . s'élevait
47 . . . 5 . . . arrahée . . . . . . arrachée
Ib. . . . 8 . . . lleuevs . . . . . . fleuves.
51 . . . 20 . . . en . . . . eu.
53 . . . 13 . . . de Huvre . . . . du Havre.
54 . . . 12 . . . Niciragna . . . Nicaragna.
59 . . . 12 etailleurs, Pichima . . . Pichinca.
63 . . . 15 . . . Tuctucuman . . . Tucuman.
82 . . . 5 . . . de la . . . . et la.
90 . . . 7 . . . anrait . . . . auront
100 . . . 5 . . . sophisme . . . . scepticisme.
103 . . . 14 . . . partie . . . . perte
147 . . . 4 . . . étranger . . . . . . étrange
151 . . . 12 . . . quartiero . . . . quartiers.
154 . . . 2 . . . edlæ . . . . de la.
168 . . . 13 . . . entier un . . . . entier d'un.
191 . . . 4 . . . soin . . . . sein.

HISTOIRE
DU MONDE PRIMITIF

DU VESUVE.

Le vulgaire sçavant a cru long-temps que le Vésuve s'était allumé pour la première fois, sous l'empire de Titus, lors du désastre qui couta la vie au patriarche des historiens de la nature : c'est une erreur manifeste : on trouve des traces de ses éruptions, jusques dans la vie d'Hercule : « ce » héros, suivant Diodore, prêt à marcher « contre les géants, c'est-à-dire, contre » des hommes qui réunissaient la force physique à la méchanceté, entra dans les » Champs Phlégréens, (la plaine de feu) : » cette contrée tirait son nom d'une mont-

» gne qui vomissait autrefois des flammes
» comme le mont Etna : on l'appelle au-
» jourd'hui le Vésuve, et il conserve encore
» les vestiges de son ancien embrasement.

Il eut été à souhaiter que Diodore, qui nous a conservé tant de traditions précieuses des ages primitifs, eut un peu entrouvert le voile de la nature sur l'origine des Champs Phlégréens et l'époque du premier embrasement du Vésuve; mais il garde à cet égard le silence le plus absolu, soit qu'alors la géographie intérieure du globe fut à son berceau, soit que par un préjugé cruel pour les arts, on crut que des tableaux de nos catastrophes physiques aviliraient la majesté de l'histoire.

Il faut pour retrouver quelques faibles vestiges de cette tradition antique, recourir aux écrivains de l'Italie du moyen age, qui ont été un peu plus que nous à portée de la consulter : il est vrai que ce travail est infiniment pénible; et quand on a eu la patience de parcourir ce recueil de l'érudition la plus indigeste en quatre-vingt volumes in-folio, que les bibliographes connaissent sous le nom des Antiquités de Grévius et de Gronovius, à peine trouve-t-on çà et là deux ou trois lignes, qui consolent du néant des recherches. Parmi ces faibles lueurs, on peut rapporter un texte assés étonnant de Camillo Pellegrini, qu'on nous représente comme l'homme universel, le Pic de la Mirandole de son temps, mais dont la renommée n'a pas franchi l'enceinte des murs de Capone, qui le vit naître.

« C'est un phénomène merveilleux, mais
» non un phénomène impossible, que le
» Vésuve, qui s'élève près des bords de la
» mer, isolé de toutes les autres Chaînes de
» montagnes, soit sorti, dans l'antiquité la
» plus reculée, du sein de la terre, par l'u-
» nique action des feux internes qui la dé-
» voraient. Cet incendie, ou amena les eaux
» de la mer sur une partie du Continent

» ou souleva la plaine du Vésuve, pour eu
» former une haute montagne.

Le Vésuve est vraiment une montagne ;
née d'abord des couches successives de la
mer : les physiciens le démontrent par la
nature même du sol sur lequel le Volcan
est assis, et qui n'offre rien des substances
primordiales ; par les fragments de Spath
calcaire, qu'il vomit dans ses éruptions, et
par l'inspection des collines Volcaniques
adjacentes, dont les matières ne peuvent
soutenir le contact des acides, sans faire
effervescence.

Il n'existe dans la nature aucune puissance assés active, pour projetter cette montagne calcaire au dessus de la mer, si ce
n'est un feu long-temps concentré sous des
voutes, qui opposaient de tout côté à son
expansion une égale résistance.

Et si l'on doutait de l'existence de ces
voutes, il suffirait de lire avec attention
un texte de Strabon ; le plus grand géo-

graphe dont s'honore le beau siècle des Césars.

« Le Vésuve offre sur ses flancs toutes
» les richesses de la végétation, mais il
» n'en est pas de même de son sommet,
» dont rien n'égale la stérilité : ce qu'il
» faut attribuer aux cendres qui y sont
» accumulées, à ses cavernes, pleines de
» crevasses et de pierres à demi calcinées :
» il est vraisemblable que cette montagne
» est le produit d'une antique conflagra-
» tion, et que son Cratère s'est éteint, par
» l'absence des matières inflammables qui
« lui servaient d'aliment. »

Il est impossible, à cause des révolutions innombrables, qu'à subi le Vésuve depuis son origine, de le décrire avec quelqu'exactitude; ses formes mobiles échappent au pinceau : comme son foyer, depuis long-temps, est toujours en activité, le tableau qu'on en tracerait, cesserait peut-être d'être exact, au moment où il serait fini : tâchons cependant de saisir ses nuances fugitives, avant qu'une nouvelle éruption détruise la fidélité de ma peinture.

Le Vésuve, massif isolé entre Naples et la Chaîne de l'Apennin, est un Cône formé dans toute sa partie supérieure de matières embrasées, produit de ses nombreuses éruptions : vers la moitié de sa circonférence, est une autre montagne Volcanique à double sommet, qui décrit autour de lui un demi-cercle concentrique, et qu'on connaît sous les noms de Somma et d'Ottajano. La montagne majeure a, suivant les calculs du père de la Torre, 1677 pieds de hauteur perpendiculaire, au dessus du niveau de la mer, et 3699 suivant des opérations plus récentes, adoptées par le VOYAGE PITTORESQUE DE NAPLES ET DE SICILE. Cette différence de plus de deux mille pieds, dans des mesures que le dernier géomètre peut vérifier, annonce qu'on a écrit aussi légèrement l'histoire de la nature, que celle du genre humain. Quant à l'ensemble du groupe Volcanique, on s'accorde à lui donner vers sa base, vingt quatre milles de circonférence.

Ferber, le chevalier Hamilton, et tous les hommes de génie qui ont décrit les Volcans de la nature, et non ceux de leur imagination, se réunissent à croire que le Somma, l'Ottajano et le Vésuve, ne formèrent dans la projection primitive qu'un seul Cône, infiniment plus élevé que le Vésuve de nos jours. Une explosion terrible en renversa la cime; alors la montagne ardente se replia sur elle-même, et créa un nouveau bassin, dont le Somma et l'Ottajano, sous les débris. Ce ne fut que plusieurs siècles après, que les Laves, vomies par de nouvelles éruptions, et amoncelées aux bords d'un autre Cratère, élevèrent par dégrés le Volcan, auquel nous donnons le nom de Vésuve par excellence.

Malgré le danger de fixer quelques points

de chronologie, dans la nuit profonde qui couvre les anciennes révolutions du Vésuve, un naturaliste de nos jours s'est persuadé, que l'éruction de cette dernière bouche à feu ne remonte qu'à l'époque de l'année 79, qui entraîna la mort de Pline l'ancien et la destruction d'Herculanum. Cette conjecture ingénieuse peut être adoptée, jusqu'à ce que la découverte de quelque monument contraire, la fasse disparaître.

Examinons maintenant cette éruption mémorable de 79, le seul fil qui lie les explosions du Vésuve dans le moyen age, avec celle dont la mémoire est rappellée dans les travaux d'Herculo.

Pline le jeune, dans deux de ses lettres à Tacite, nous a donné le détail de ce grand désastre de l'Italie; et son tableau tracé de main de maître, réunit la beauté des images à la vérité du sentiment ; ainsi qu'il soit dans les mains de tout le monde, je ne puis résister au plaisir de la placer dans ma galerie, non dans son intégrité, mais réduit, comme il convient dans une histoire philosophique des ages primitifs.

« Tu me demandes, ô Tacite ! de t'ins-
» truire de la mort de mon oncle, pour
» que tu en apprennes les détails aux
» siècles futurs ; et c'est vraiment l'enve-
» lopper de ta gloire, que de lui donner
» place dans tes ouvrages.

« Il était à Misène, où il commandait
» la flotte Romaine : le 23 du mois d'Au-
» guste, environ une heure après midi, il
» vint sur les instances de ma mère, voir
» un phénomène qui s'opérait sur le som-
» met du Vésuve. C'était un nuage de fumée
» diversement coloré, qui ressemblait à un
» grand arbre ; un vent souterrain semblait
» d'abord le pousser avec impétuosité dans
» la région de l'air, mais ensuite entraîné

» par son propre poids, il se courba et se
» répandit dans l'atmosphère.

« Pline, persuadé qu'une telle merveille
» méritait d'être appréciée par ses yeux ob-
» servateurs, monte une frégate légère,
» pour l'étudier de plus près. Les soldats
» effrayés, le conjurent de se dérober
» au péril : mais rien ne trouble sa sérénité »
» il se presse d'arriver partout où le monde
» fuit, et il poursuit, avec le courage du
« héros, ce qu'il n'avait entrepris qu'avec
» la curiosité du naturaliste.

» Pendant sa navigation, il voit voler sur
» son vaisseau les cendres du Volcan : cen-
» dre d'autant plus ardente, qu'il appro-
» chait davantage de sa base. Des pierres
» calcinées tombent autour de lui : et les
« fragments de montagnes qui s'entassent
« sur le rivage, semblent en rendre la des-
» cente inaccessible : il ordonne au pilote
» d'aborder à StaLies, et il y soupe avec
» sa gaîté, ou ce qui n'annonce pas moins

« de grandeur, avec le calme qui désigne
» la gaité.

« Cependant on voyait luire, des flancs
» du Vésuve, de grandes flammes et des
» embrasements, dont une nuit profonde
» redoublait l'horreur : mon oncle, bra-
» vant le péril, s'endormit, et on attendit
» pour le réveiller, que la cour par où on
» entrait dans son appartement, se rem-
» plit de cendres vomies par la montagne :
» ses amis, que la terreur avait empêchés
» de se livrer au sommeil, tinrent conseil
» avec lui : d'un côté, il était dangereux
» de sortir, à cause de la chute des pierres :
» de l'autre, il ne l'était pas moins de
» rester renfermé, parce que les secousses
» de tremblements de terre semblaient ar-
» racher les édifices de dessus leur base ;
» on se détermina à quitter la maison, en
» couvrant sa tête d'oreillers, et à gagner
» la pleine campagne.

« L'aurore s'annonçait alors à un coin

» de l'horison : mais pour Pline et sa
» suite, se prolongeait une nuit sombre,
» qui n'était un peu dissipé que par la
» lueur livide de l'incendie : on s'approche
» du rivage et on trouve la mer singuliè-
» rement agitée : mon oncle se couche sur
» un drap qu'il fait étendre : tout d'un
» coup les tourbillons de flamme s'agran-
» dissent, et une odeur de soufre qui an-
» nonce leur approche, met en fuite tous
» les observateurs. L'infortuné, qui à ja-
» mais me sera cher, se lève, appuyé sur
» deux esclaves, et dans le moment tombe
» mort. On retrouva, trois jours après, son
» corps, dans l'attitude, non d'un homme
» qui n'est plus, mais d'un homme qui
» repose.......

« J'étais alors à Misène : ma mère ef-
» frayée de tout ce qu'elle voyait et de tout
» ce qu'elle entendait, entre brusquement
» dans ma chambre, et trouve que je me
» levais dans le dessein de l'éveiller, si je

» la trouvais endormie : il était déjà sept
« heures du matin, et le ciel n'était encore
« éclairé que par un faible crépuscule : à
» cette époque les secousses du tremble-
» ment de terre redoublèrent, et nous quit-
» tâmes la ville, accompagnés d'un peuple
» épouvanté qui nous suivit en foule : car
» la frayeur est la prudence du vulgaire ;
» il n'imagine rien de plus sûr, que ce qu'il
» voit faire à l'homme qu'il approche.

« Cependant la mer se renversait sur elle-
» même, et l'ébranlement général semblait
» la chasser du rivage : à l'opposite, un
» nuage livide et affreux, se partageait, par
» l'activité des feux qui s'élançaient de son
» sein en le sillonnant : en un instant le
» nuage plonge sur la terre et en couvre
» toute la surface : le voile s'étend sur la
» mer et nous dérobe la vue de l'Isle de
» Caprée et du promontoire de Misène qu'il
» enveloppe. Ma mère me presse de fuir,
» en l'abandonnant à sa destinée : mais je

» lui déclare qu'il n'y a point pour moi de
» salut sans elle, et la prenant par la main
» nous prolongeons notre route incertaine.

« La cendre commençait à tomber sur
» nous : alors j'entraine ma mère hors du
» grand chemin, affin que la foule éplorée
» qui nous suivait ne nous étouffât pas au
» sein des ténèbres : à peine étions-nous
» écartés, que les cris d'effroy de cette mul-
» titude, vinrent ajouter à notre perplexité :
» l'un appellait son père ou son épouse,
» qu'il ne reconnaissait qu'à leur voix ;
» l'autre, egaré par la crainte de la mort,
» l'invoquait pour s'y dérober : quelques-
» uns blasphémaient contre les dieux,
» croyant que cette nuit était la nuit éter-
» nelle, où la nature entière allait être
» ensevelie.

« Peu à peu l'effroyable vapeur qui nou
» enveloppait, se dissipa comme un nuag
» léger que le vent entraine : bientôt après
» le Soleil parut, mais jaunâtre ; et tel qu'il

« a coutume de paraître dans une éclipse.
« Tout se montrait changé à nos yeux,
« encore pleins de trouble : et nous ne trou-
» vions rien qui ne fut caché sous des mon-
» ceaux de cendre : c'est dans cette situa-
» tion terrible d'esprit, que nous retour-
» names à Misène. »

L'explosion du Vésuve dura, dans toute sa violence, pendant trois jours : on ignore combien d'infortunés périrent dans ce désastre : mais c'est sur-tout aux villes de Pompeyes et d'Herculanum qu'il fut funeste. Dion prétend que leurs habitants, yvres de spectacles, comme l'Athène, d'Alcibiade ou la Rome des Césars, furent surpris sur leurs théâtres, par la pluye de cendre qui les étouffa : les deux villes furent ensevelies elles-mêmes sous des monceaux de Laves qui les firent disparaitre, pendant seize cents ans, de la mémoire des hommes.

Avec le tremblement de terre qui accompagna l'éruption, il y eut un ouragan qui se fit sentir jusqu'à une très grande hauteur dans l'atmosphère : on peut juger de sa violence, par le voyage des nuées de vapeurs, qui partirent du Cratère du Vésuve. L'histoire rapporte qu'elles se portèrent au travers des mers, jusqu'en Syrie et en Afrique.

De l'an 79 jusqu'à l'an 1780, c'est-à-dire, pendant dix-sept cents ans, on ne compte que 26 éruptions du Vésuve, dont le plus grand nombre, peu fécond en désastres, ne mérite de figurer que dans des tableaux de chronologie : cependant il n'est point indifférent de consacrer quelques lignes à chacune d'elles, afin de constater les longs intervalles de calme qui les ont précédés, et de conduire ainsi à une histoire complette du Volcanisme.

La seconde explosion du Vésuve se fit en 203, sous le règne de Sévère : la suivante en 472, sous le règne d'Anthemius, et une autre entre en 512, lorsque l'Italie commençait à s'accoutumer au joug de Théodoric.

A cette dernière éruption, il y eut un torrent de Laves, qui descendit de la cime du Volcan jusqu'à ses racines, sous la forme d'une rivière de feu, entraînant une prodigieuse quantité de sables calcinés, qui, parvenus dans la plaine, s'accumulèrent jusqu'à la hauteur des arbres les plus grands. On cite à l'appui de cette anecdote, le témoignage de Procope et de Cassiodore.

Les incendies de 685, de 993 et de 1036, n'ont guères eu que des moines pour historiens. D'ailleurs, le seul fait remarquable qu'ils nous ont transmis, c'est qu'en 1036, les flancs du Volcan s'ouvrirent, et qu'il en sortit une rivière de matières embrasées, qui alla s'éteindre dans la mer.

L'éruption de 1049, mériterait bien plus l'attention des physiciens, s'il était vrai, comme le prétend un Léon d'Ostie, évêque et cardinal, dans sa Chronique du Mont

Cassin, que le Volcan vomit de son Cratère un torrent de bitume pétrifié : mais il est infiniment vraisemblable que ce bitume pétrifié n'était que de la Lave coagulée : Léon d'Ostie écrivait dans un siècle, où la raison même était forcée d'être théologienne : il était bien plus aisé alors, suivant un des historiens du Vésuve, d'être évêque, Cardinal et même saint, que bon naturaliste.

Les explosions de 1138, 1139, 1306 et 1500, ne nous sont connues que par des tableaux vagues et sans coloris, tracés soit par des moines, soit par un historiographe des papes.

L'incendie de 1631, quoique peut-être un peu défiguré, en passant par les pinceaux du théatin Carate et du jésuite Recupito, mérite une place un peu plus distinguée dans cet ouvrage.

Il s'annonça, comme celui de Pline, par de violents tremblements de terre, et par un tourbillon de fumée qui prit la forme d'un arbre immense : ce tourbillon fut suivi de plusieurs autres, qui s'amoncelèrent sur les bords du Cratère, comme les montagnes, dans la bataille des géants de la mythologie. Les convulsions du Volcan cessèrent, quand il s'ouvrit : on vit alors s'élancer de ses flancs déchirés, un Océan de Laves, qui se partagea en sept rivières, entraînant avec lui des jardins, des murs, et de grands édifices.

L'éruption de 1660, bien différente de celle qui la précédait, se fit sans tremblement de terre, sans tonnerre interne, et sans agitation convulsive de la mer. Le calme qui avait accompagné l'organisation des Laves, fut le même dans leur projection : comme rien ne s'opposait à la force expansive du feu, il se déploya paisiblement par trois grandes ouvertures.

Il ne faut point s'appésantir sur les explosions de 1682, de 1694, de 1701, de 1704, de 1712, de 1717, et de 1750, parce que le peu qu'on en connait, ne présente que des phénomènes, vingt fois répétés dans l'histoire du Volcanisme.

Nous connaissons l'incendie de 1737, par Dom Francisco Serrao, premier médecin du roi de Naples, qui a écrit en Italien une bonne histoire du Vésuve.

Il y avait sept ans que le Volcan ne cessait de fumer, quand le tonnerre de ses cavernes se fit entendre : les flammes qu'il vomit alors s'annoncèrent avec un tel degré d'activité, que leur lumière à midi le disputait à celle du Soleil. Cette gerbe terrible ne parut s'affaiblir, que lorsque la montagne se fendit entre le Sud et l'Ouest, pour laisser sortir un torrent de matières en fusion, qui fit paraître le Vésuve entier en feu, tant à cause de la force de l'incendie, que par le reflet qu'il produisit sur les tourbillons de fumée dont il était environné.

C'est en ce moment qu'on entendit le mont embrasé, éclater avec autant de fureur, que s'il se fut abimé sur lui-même. Les Laves épanchées de son sein, inondèrent son premier plan, dans un espace de 500 pas de long, sur 500 de large; et le feu propagé par les roches ardentes qui volaient de toutes parts, se communiqua à une forest, qui couvrait les flancs du Vésuve, et la réduisit en cendres.

Les foudres Volcaniques sillonnèrent encore, pendant dix à douze jours, l'atmosphère, et enfin l'incendie cessa : on observe qu'un mois après cet évènement terrible, les Laves, amoncelées dans la plaine, conservaient encore assés de chaleur à un pied de profondeur, pour qu'un bâton qu'on y enfonçait fut à l'instant consumé.

» Le sage historien du Vésuve a calculé la quantité de matières vomies par le Volcan, pendant vingt-deux jours que dura son éruption, et il l'évalue à 319,658,161 pieds cubes, ce qui serait une lieue et demie quarrée de surface, ou une montagne cubique égale, dans toutes ses dimensions, à la hauteur de la plateforme du clocher de Strasbourg.

Le Vésuve, depuis cette époque, se reposa 14 ans: ensuite il fournit, par un nouvel incendie, de nouveaux crayons au père de la Torre, un de ses plus infatigables, comme un de ses plus ingénieux observateurs.

Le 22 octobre 1751, il y eût un tremblement de terre dans la Campagne de Naples, et le 25, la montagne s'ouvrit avec un fracas épouventable. La fumée sortait du sein de l'abyme, en faisant un sifflement, pareil à celui du métal fondu qui tombe dans un fluide : la Lave la suivit de près, et son cours, contre l'ordinaire, fut si rapide, que le premier jour, elle fit quatre milles en huit heures, ce qui suppose environ 33 pieds par minute.

Le ciel, à cette époque, était très serain

et l'air très-froid : la matière élancée du Cratère s'avançait en masse, comme une immense muraille de cristal fondu, brulant les arbres qu'elle rencontrait dans sa route : ce torrent s'adaptait toujours à la capacité de l'enceinte où il pénétrait, se rétrécissant quand le chemin était étroit, et s'élargissant, quand il présentait une grande surface : arrivé à la vallée de Buon-Incontro, large de cinquante palmes et profonde de quatre-vingt, il la combla toute entière.

Le Vésuve parut s'assoupir jusqu'en 1754, datte d'une éruption qui n'eut de singularité, que des cercles lumineux, projettés au dessus du Cratère, et la violence avec laquelle furent lancés des blocs de scories; qui paraissaient avoir douze pieds de diamètre : comme on compta huit secondes, entre le plus haut point de leur ascension et leur chute dans l'abyme, la loy Newtonienne, sur l'accélération des corps graves, fait croire, que ces blocs s'élevèrent jusqu'à 900 pieds au dessus de l'ouverture.

Un des physiciens de Luc, a été témoin oculaire de l'incendie de 1757, qui peut ajouter quelques teintes au tableau du Volcanisme.

Le Volcan s'était conservé, dans sa dernière éruption, un soupirail, au travers des matières embrasées qu'il avait projettées ; et peu à peu ce soupirail forma un monticule de 50 pieds de hauteur, dont le Cratère, de figure irrégulière, pouvait avoir 150 pieds de diamètre.

Notre observateur, malgré les secousses du Vésuve, aussi intrépide que Pline l'ancien, mais moins malheureux, voulut aller étudier le méchanisme de son incendie, jusques sur son Cratère, et malgré le fracas des détonations, les tourbillons de fumée, et les gerbes de matières ardentes, il exécuta son entreprise.

« Mon espérance, dit-il, ne fut pas

» trompée : le vent et la violence du feu, » dispersant, par intervalle, le nuage de » fumée, me découvrirent le spectacle ef- » frayant qu'elle recelait : nulle expression » ne peut la rendre ; moi-même, qui en » fus le témoin, j'ai peine à me persuader » aujourd'hui qu'il ait été réel.

« Je vis que le fond de la petite mon- » tagne était un grand brasier, formé des » scories, lancées par deux ouvertures dis- » tinctes. Quelques unes de ses scories, re- » tombant dans le Cratère, s'accumulaient » sur le haut de la Lave, qui montait dans » le canal. La petite ouverture était celle » qui faisait le plus de fracas : il en sortait » continuellement des exhalaisons embra- » sées : des détonations effroyables se fai- » saient entendre, et la terre tremblait sous » mes pieds. Ce bruit affreux partait d'abord » du fond du gouffre, et semblait monter » avec une rapidité prodigieuse : puis il » sortait, avec un éclat supérieur à celui

» des plus grands tonnerres, accompagné
» de gerbes de Laves divisées, qui s'éle-
» vaient jusqu'à cent pieds de hauteur : de
» temps en temps, une partie du brasier
» lui-même était lancé en l'air, sans doute
» par une secousse subite que recevait la
» colonne de Laves, et c'était quelquefois
» de mon côté que la masse de feu était
» lancée : ces matières ardentes m'envi-
» ronnaient alors dans leur chute, et il fal-
» lait suivre des yeux celles qui me mena-
» çaient le plus, pour être prompt à les
» éviter, comme on évite les bombes dans
» une place assiégée.

» Dans ces moments de secousse, mal-
» gré toute mon avidité de voir et le cou-
» rage qu'elle m'inspirait, j'étais saisi d'une
» secrette horreur, et un mouvement in-
» volontaire, me faisait reculer quelques
» pas : je tins cependant plus d'une demie-
» heure à ce poste, et je fus sept ou huit
» fois le témoin de ce terrible spectacle,

» Les deux bouches ne vomissaient pas
» toujours ensemble : leur débit de Laves
» leur communication avec le fond de la
» fournaise, n'était donc pas commune :
» je distinguais parfaitement, que la plu-
» part des matières qui en sortaient étaient
» des portions de Laves encore fluides : je
» les voyais changer de figure en l'air et
» s'applatir en tombant sur les Laves voi-
» sines.

« Toute la petite montagne n'est qu'un
» amas de ces substances vomies du Cratère;
» il y en a de forme ronde, d'autres allon-
» gées ; plusieurs sont compactes, d'autres
» légères et remplies de bulles : les plus
» petites forment ce qu'on appelle les cen-
» dres, qui ne sont autre chose que de la
« Lave en grains et de petites pierres brutes.

« L'ébranlement qu'éprouvait la petite
» montagne, dans le moment des grandes ex-
» plosions, était un frémissement, une sorte
» de vibration dans toutes ses parties, oc-

» casionné sans doute par le choc des va-
» peurs : il ne faut pas confondre cette
» espèce d'agitation intestine, avec les pre-
» mières secousses dont je fus témoin, et
» qui étaient, comme dans les tremble-
» mens de terre, l'ébranlement de la masse
» entière.

Il y eut une explosion en 1760, qui prouva aux physiciens que le feu Volcanique exerce sa force expansive, dans les endroits les plus faibles d'une montagne, soit qu'ils se trouvent au sommet, soit aux flancs, soit à la base. La Lave, à l'année que j'indique, se fit jour jusqu'au pied du Vésuve, par quinze nouvelles bouches qui produisirent autant de monticules. Il est probable qu'en ce moment le grand Cratère se trouva obstrué. Autrement la matière Volcanique aurait traversé librement cette galerie verticale, qui ne pouvait opposer d'autre obstacle, que les loix de la pésanteur et le poids de l'atmosphère.

En 1766, le Vésuve sortit d'un sommeil de cinq ans, qui n'avait été interrompu que par de vaines explosions de fumée : le chevalier Hamilton était monté plusieurs fois, dans l'intervalle, au sommet du Cratère, et avait vu les parois de la galerie verticale incrustés de sels et de minéraux.

Un phénomène bien plus important, c'est qu'entre les deux explosions de 1760, et de 1766, il s'était formé paisiblement, dans l'intérieur du Volcan, à environ vingt pieds de profondeur, une espèce de Solfatare en mignature : l'illustre Anglais avait eu le courage d'y descendre et de tenter de mesurer la profondeur de ce second Vésuve : de grosses pierres qu'il jetta dans l'ouverture, lui annoncèrent que des obstacles en retardaient la chute, et il compta cent ricochets, avant qu'elles parvinssent au fond de l'abyme.

Le 28 mars, la Lave commença à s'élever : l'intrépide ambassadeur d'Angleterre eut l'audace de passer la nuit du 31 sur le Volcan, lorsqu'il était dans la force de son éruption : il vit s'élever des pierres embrasées parfaitement transparentes, qu'on pouvait juger, au volume, du poids de vingt quintaux, il les vit, dis-je, s'élever à la hauteur de 200 pieds, et retomber ensuite dans la bouche de la plus petite Solfatare ; rien n'égalait la beauté du spectacle, que ces girandoles de rochers diaphanes offraient dans l'atmosphère.

Le 11 avril, on put approcher le fleuve de Laves embrasées : mais bientôt il se divisa en trois branches, qui, communiquant leur chaleur aux cendres des Laves anciennes, placées dans l'espace intermédiaire, produisirent dans leur ensemble l'image d'un lac enflammé, qui avait quatre milles de long sur deux milles de large. Ce tableau, vu dans les ténèbres de la nuit, pouvait donner une idée du Tartare d'Ovide ou de l'enfer de notre théologie.

Cette éruption dura neuf mois ; et ce qui jette un grand jour sur les mystères du Volcanisme, à la même époque, il y eut une explosion de l'Etna qui fit de grands ravages dans la Sicile.

Le Vésuve se reposa huit mois, et dès le 19 octobre 1767, il annonça un nouvel incendie et de nouvelles dévastations.

Le chevalier Hamilton, accoutumé à braver le feu de la nature, monta sur le Volcan, aussitôt après l'émission de la Lave, accompagné d'un seul guide ; tout-à-coup, vers le midi, après une détonation terrible, il vit à un quart de mille de l'endroit où il observait, la montagne s'ouvrir avec fracas ; et une fontaine de feu s'élever de cette nouvelle bouche en forme de feu d'artifice, et rouler directement vers lui : en même temps la terre trembla, et une obscurité profonde enveloppa l'atmosphère ; et tout le terrein qui s'étendait entre lui et le torrent, fût inondé de pierres-ponces ;

Son guide s'enfuit, et lui-même fut obligé de faire trois milles, sans s'arrêter, pour ne pas avoir le sort de Pline l'ancien, comme il avait son génie et son courage.

Il était temps de quitter cette scène de désastres : car, pendant que l'ambassadeur allait solliciter le roi de Naples de quitter Portici, le fleuve de Laves avait déjà couvert trois milles du chemin qu'il venait de quitter : rapidité d'autant plus prodigieuse, qu'il fut vérifié, peu de temps après, que ce fleuve, dans une vallée qui est sur les flancs du Volcan, avait soixante et dix pieds de profondeur, sur une étendue de deux milles en superficie.

Pendant ce temps là, des nuages de cendres vinrent crever sur Naples et sur les vaisseaux, qui naviguaient à vingt lieues de distance dans la mer Adriatique.

La capitale ne vit pas sans trouble une explosion aussi terrible : mais on ne s'y arma contre la nature qu'avec les torches de

ÉRUPTION DU VÉSUVE.

de la superstition : le peuple mit le feu à la porte du cardinal archevêque, parce qu'il refusait de laisser sortir les reliques de Saint Janvier.

Le Vésuve, depuis 1767, jusqu'en 1778, fut presque toujours en activité : car on compte, dans cet intervalle, six éruptions : celles de 1770, de 1771, de 1773, de 1774, de 1775, et de 1776 ; mais comme aucune n'offrit des phénomènes nouveaux, l'historien des Volcans n'a pas besoin de s'y arrêter.

Nous avons dans le beau voyage pittoresque de Naples et de Sicile, quelques détails sur l'explosion de 1778, qui, annoncent, dans son auteur la réunion rare de la chaleur du peintre et du génie observateur du philosophe.

« Rien ne peut offrir un aspect plus sé-
» vère et plus terrible que la vallée qui est
» entre la Somma et le Vésuve : on ne
» peut s'en faire un idée avant de l'avoir

» vue, et en la voyant, on sent l'impossi-
» bilité, si on n'a les crayons de Vernet,
» de la peindre aux autres : il faudrait y
» porter sa palette, pour copier les tons
» d'une nature qui ne se trouve que là,
» et qui est toujours au dessus de ce que
» la mémoire en peut conserver; c'est le
» chemin des enfers, l'attellier de Vulcain :
» c'est tout ce que l'imagination pourrait
» enfanter de plus gigantesquement affreux.

« Nous arivames au Cratère, passant sur
» la Lave encore chaude de la nuit qui
» avait précédé et nous élançant par dessus
» des crevasses d'où s'exhalaient des mof-
» fetes sulphureuses : deux ou trois déton-
» nations consécutives, semblables à celle
» d'une mine qui éclaterait dans l'interieur
» de la terre, nous firent appercevoir que
» nous étions à la portée des explosions :
» nous étions en effet dans la bouche du
» Volcan, à une profondeur d'environ
» soixante pieds.

» Quelques jours après nous retournâmes
» au Vésuve : le sol à son approche était
» d'une chaleur insupportable; nous ne
» pouvions le creuser de 6 pouces, sans en
» voir sortir de la fumée; si nous y jettions
» une pierre de quelque volume, l'ébran-
» lement était sensible à une circonférence
» de 10 pieds. Nous ne fumes plus surpris
» de ces effets, lorsqu'à cent pas de là nous
» nous trouvames sur le bord d'un gouffre
» de cent pieds de profondeur et de mille
» toises de tour. Voilà ce que nous trou-
» vames, au lieu d'un monticule, dont on
» nous avait parlé si souvent, et qu'on
» nous dit avoir été rejetté du centre du
» Volcan en douze éruptions.

« Il était midi quand j'arrivai : il n'y
» avait dans l'air que la vapeur qui s'ex-
» halait de toute la partie du Cratère, et
» deux colonnes de fumée qui partaient de
» deux bouches enflammées, dont l'une
» pouvait bien avoir environ treize pieds

» de diamètre; il en sortait perpétuellement
» une flamme légère, qui s'élevat à quel-
» ques pieds; et de deux en deux minutes,
» une colonne de matières enflammées en
» était lancée à cent vingt pieds de hauteur,
» et retombait presque perpendiculaire-
» ment avec un bruit effroyable : le moment
» d'après elles redevenaient noires et for-
» maient en s'amoncelant un monticule
» autour de cette bouche : ce qui explique
» les variations éternelles de la forme du
» Cratère du Vésuve, amassant ainsi dans
» son centre, cette prodigieuse quantité
» de cendres, de tuf, et de scories, qu'il
» lance ou reprend alternativement.

« Lorsque ces matières amoncelées com-
» priment le feu à un certain dégré, la
» montagne s'ébranle, la matière élaborée
» et pénétrée de toute part, par un feu
» violent cherche une issue, et tout-à-coup
» par une nouvelle explosion, elles produit
» ces immenses Laves, qui forment des

» fleuves de feu de deux lieues de cours,
» couvrant de cendres et de pierres-ponces
» une circonférence de six lieues de dia-
» mètre.

« La seconde de ces bouches était moins
» au centre que l'autre : elle avait aussi
» ses explosions périodiques : de temps en
» temps on voyait partir des bouffées de
» fumée sans bruit, elles s'élevaient du
» fond de ce précipice, dont l'escarpement
» était revêtus de milliers de Moffètes : il
» s'en exhalait des vapeurs souffrées et vi-
» trioliques, qui produisaient toutes les cou-
» leurs du prisme. Les rayons du Soleil tra-
» versant ces différentes émanations et
» éclairant ce cahos, formaient un tableau
» que l'on ne sçaurait imaginer et que l'on
» ne peut décrire.

« Cependant je me rapprochais toujours
» de plus en plus des bords du gouffre :
» mais tout-à-coup ma jambe s'enfonça dans
» une fente de la Laye, qui était couverte

» de cendres soufrées et brulantes : cet
» accident me fit sentir le danger de s'a-
» vancer ainsi sur des bords qui peuvent à
» chaque moment s'ébouler au fond du
» Cratère par quelque mouvement de la
» montagne. Je quittai donc le Volcan,
» mais en regardant en arrière, comme
» quand on abandonne un beau pays dont
» on a manqué la conquête ».

La dernière éruption qu'il me reste à
crayonner, est celle de 1779 : elle fut remarquable par quelques phénomènes que
l'Italie ne connaissait ni par la tradition
orale, ni par les monuments de l'histoire.

Il s'éleva du Cratère une colonne de feu
qui augmenta par dégrés, en montant jusqu'à une hauteur presqu'incommensurable.
Le chevalier Hamilton suppose qu'elle atteignit trois fois la hauteur perpendiculaire
du Vésuve ; c'est à dire, onze mille quatre-
vingt-deux pieds. Cette gerbe épouvantable
de Laves était accompagnée de bouffées de

fumée, au travers desquelles serpentaient en zigzags une multitude d'étincelles d'électricité.

Le père de la Torré observa, de son côté, une autre merveille Volcanique. L'énorme quantité de pierres enflammées, que le Volcan avait lancées pendant quatre ans, avait formé dans son Cratère un nouveau monticule de 150 pieds de hauteur, qui avait singulièrement diminué l'ouverture. Au milieu du travail du Vésuve, ce monticule tomba tout entier dans le gouffre de la grande montagne ardente, et disparut.

Quand l'affaiblissement de l'incendie interne permit au Vésuve de respirer, on alla examiner la nature des rochers, qui avaient été arrachés de ses flancs, pendant la force de l'éruption : on trouva, à un mille du Cratère, un fragment même de ses parois, formant un quarré-long de dix à douze pieds de large, sur 18 de long et autant d'épaisseur : on découvrit, avec non moins de surprise, à deux cents pieds plus loin, une espèce de globe de douze pieds de diamètre, qui, en lui supposant la densité de la brique, devait peser douze cents trente quintaux. Ce globe avait été lancé à plus de deux mille pieds dans l'atmosphère.

Tels sont les phénomènes les plus singuliers des trente-six éruptions du Vésuve, dans l'espace juste de dix-sept siècles : il est inutile de s'appésantir sur leur rapprochement : l'unique fait qu'il importe ici de faire observer, c'est l'alternative des calmes et des explosions, dont les périodes varient d'une manière incalculable : c'est l'impossibilité d'expliquer jamais, comment il n'y a eu que huit mois d'intervalle entre les incendies de 1766 et de 1767, tandis qu'il s'écoula 308 ans, entre ceux de 685 et de 993.

La position du Vésuve ne contredit point le grand principe, qu'il ne peut y avoir de Volcans en éruption, que dans les Isles ou du moins dans les Péninsules. Cette montagne ardente est à peu de distance du golfe de Salerne, et elle touche par sa base au golfe de Naples, où souvent ses torrents de Laves se précipitent.

Voyons si la même théorie peut s'appliquer aux Volcans du Nouveau Monde : car si elle ne s'y adaptait pas, il faudrait l'assimiler avec les mille et un romans philosophiques, que la France a vu éclore sur le monde, depuis les Dés de Descartes, jusqu'à la Comète de Buffon.

DES VOLCANS

DU NOUVEAU MONDE.

Le Nouveau Monde est partagé, comme nous l'avons vû, par une Chaîne primordiale, qui a dix-sept cents lieues dans sa plus grande dimension, sur quarante dans sa moyenne largeur : or des montagnes primordiales ne sont point Volcaniques, parce que le Granit ou le Silex qui les composent, ne pouvant être conducteurs d'électricité, les foudres souterraines ou n'en approchent pas, ou suivent leurs contours, sans les entamer.

Les faits, à cet égard, viennent à l'appuy de la logique : les voyageurs qui ont parcouru la Chaîne mère du Caucase, et celle des Atlas, n'y ont vu aucune trace d'incendie : Pallas n'en connait point dans la Crète des monts Ouraliens ; de Saussure déclare qu'après les recherches les plus scrupuleuses dans les Alpes, depuis Grenoble, jusqu'à Inspruck, il n'a vû que quelques eaux Thermales qui puissent servir d'indice au Volcanisme.

Si donc on rencontrait des Volcans sur les hauteurs du nouveau monde, il faudrait en conclure qu'ils ne reposent pas dans le Granit, mais que la mer, en organisant l'enveloppe de leurs foyers, les a adossés aux flancs des montagnes primordiales.

La théorie de cette organisation et de cet adossement, ne se perd point dans les nuages de la métaphysique : on conçoit aisément d'après nos principes, que lorsque le globe ne subsistait encore que par les hauteurs du Caucase, des Atlas, du plateau de la Tartarie, des Alpes et des Cordillières, l'Océan qui battait de ses vagues les flancs de ces grands Archipels devait y amener les détrimens des classes innombrables d'animaux et de végétaux, dont il est peuplé ; et comme ces détrimens sont pleins de phlogistique et de particules ferrugineuses dont s'organisent les pyrites, il se forma de leur contact avec les eaux, un foyer d'incendie, qui donna naissance aux Volcans, aux tremblements de terre et à toutes les grandes conflagrations du globe.

Il faudrait donc, pour que nos spéculations sur le Volcanisme, fussent à l'abri de toute atteinte qu'il résultat de nos recherches, que les montagnes ardentes du nouveau monde sont formées de couches successives, et que la mer, dans leur origine, a baigné les environs de leurs foyers.

Je ne regarde pas comme une autorité philosophique, le mot de Buffon dans son traité de l'aimant : IL EST A PRÉSUMER QUE TOUTES LES MONTAGNES VOLCANIQUES DES CORDILLIERES NE SONT PAS DE PREMIERE FORMATION ; Buffon s'est joué tant de fois de son génie, il a si souvent vû ce qu'il ne faisait qu'imaginer, que ses présomptions peuvent à peine faire la base d'une hypothèse.

Mais si l'on veut lire avec fruit les voyages des Bouguer, des la Condamine et des Ulloa les seuls historiens philosophes des montagnes du nouveau monde, on verra que l'origine marine de ses Volcans est une vérité de fait qu'on ne peut contester : les preuves tirées des dépouilles de l'Océan, et des lits de coquillage, que recèlent ces éminences secondaires, trouveront leur place, quand nous ferons succéder l'histoire du monde organisé par les eaux à celle du monde créé par le feu.

Il n'y a de montagnes ardentes en Amérique, qu'au Mexique et dans la Chaîne des Cordilières, qui coupe le Chili et le Pérou : la seule exception connue à ce fait important, est offerte par les Volcans de Velez et de Tocayma, situés tous deux au centre de la nouvelle Grenade, et qui se présentent les premiers à nos pinceaux.

Velez et Tocayma ne sont guères connus que du ministère Espagnol, qui y envoye des Colons et de la Sainte Hermandad, qui y fait passer des bourreaux. On ne nous dit autre chose du Volcan de la première de ces villes, sinon qu'il vomit des nuées de pierres : pour la montagne ardente de Tocayma, elle a son Cratère sur un sommet couvert de neiges, et dans le temps de ses éruptions, la cendre qu'elle vomit se répand quelquefois à neuf ou dix lieues de circonférence. Ces détails n'ont rien de piquant, quand on connait Pline, Bridone et le chevalier Hamilton ; l'unique fait qui puisse parler à notre curiosité, c'est la position étrange de ces bouches à feu, au milieu d'un continent : c'est leur éloignement de la mer qui dans la position la plus favorable, ne les approche que de quatre-vingt lieues.

Mais si l'on considère Velez et Tocayma
dans la carte de Danville, on reconnaîtra
aisément que toute cette partie de la Nouvelle Grenade où elles sont situées, est
une contrée récemment arrahée du domaine de la mer : l'une de ces villes est
assise sur le Cararé et l'autre sur le Paty,
deux fleuves communiquant avec la grande
rivière de la Magdeleine, qui a son embouchure dans le golfe du Mexique, à peu
de distance de Carthagène.

Cette plaine immense conserve même
même des vestiges du séjour peu éloigné
de l'Océan sur sa surface, par les fontaines
salées qu'elle possède : il y en a une dans
une vallée voisine de Tocayma, qui laisse
sur les Plantes qu'elle arrose, une sorte
de bitume dont les Indiens se servent pour
calfater leurs canots : d'ailleurs toute la
contrée est pleine de petits lacs que les
feux du Soleil des Tropiques n'ont pu
encore dessécher.

Il est bien évident que la Nouvelle Grenade presque entière était sous les eaux, quand les Volcans de Velez et de Tocayma ont pris naissance : il est bien évident aussi que par leur éloignement actuel des mers, ils ne tarderont pas à s'éteindre, comme ceux du Vivarais, dont on ne soupçonne les anciennes éruptions que par les pavés de géants, qui servent de ceinture à leurs bases.

Cette doctrine, dont la nouveauté ne nuit point à la vérité, va acquérir une nouvelle force par l'examen raisonné des Volcans du Mexique.

Le Mexique forme une longue bande de terre entre le golfe de ce nom et la mer du Sud : il y a des endroits où les deux côtes sont tellement rapprochées qu'à peine l'intervalle offre-t-il une distance de quarante lieues.

Cette bande de terre va sans cesse en s'élargissant du côté du Nord, de manière qu'un qu'un peu au dessus de Mexico, les deux mers sont séparées par un espace de 180 lieues : or, il n'y a aucun Volcan dans toute cette partie septentrionale, préjugé déjà très-imposant en faveur de notre théorie.

Les six Volcans du Mexique, dont l'histoire nous a transmis les éruptions, sont tous entre Tlascala et Nicaragua : c'est-à-dire, dans la partie du ruban qui a le moins d'étendue : comme s'il fallait qu'une des deux mers communicat par la voye de filtration à leurs cavernes, pour conserver l'incendie de leurs foyers.

Le Volcan de Pococatepec est le premier qu'on rencontre en descendant vers le Midi : on le découvre du haut de l'éminence où Tlascala est située : Cortez le vit quand, l'évangile dans une main et le poignard dans l'autre, il vint renverser l'empire de Motézuma : les Indigènes étaient peu effrayés, quand il ne s'élevait du haut de son Cratère que des tourbillons de fumée ; mais la vue des gerbes de feu leur semblait du présage le plus sinistre : à la moindre étincelle qui sortait de ces gerbes et qui ne retombait pas dans l'abyme embrasé, ils s'imaginaient voir les ames des tyrans, que le ciel dispersait pour punir les crimes du globe.

Ordaz, un des brigands de la suite de Cortez, obtint de ce général la permission d'aller voir de près le foyer d'où s'élançaient les ames des tyrans : il partit accompagné de deux soldats et de quelques nobles Mexicains, qui déclarèrent ne vouloir le guider que jusqu'aux flancs de la montagne pour ne pas être les témoins de sa mort. Quand l'Espagnol fut arrivé à la région des neiges, il sentit la terre trembler sous ses pas : au même moment le Volcan vomit avec fracas une nuée de cendres qui aurait étouffé l'observateur, s'il n'avait trouvé fort à propos un rocher en saillie qui lui servir d'azile. Quand le calme commença à régner dans l'atmosphère, Ordaz s'approcha avec intrépidité de la bouche du Volcan : elle occupait tout le sommet du Cône et pouvait avoir un quart de lieue de circonférence : le Paladin avança la tête et vit au fond du gouffre une énorme masse de feu qui lui parut s'élever en bouillonnant ; quelqu'idée qu'on se forme de l'audace de ce compagnon de Cortez et de la fidélité de son récit, il est certain du moins que ce voyage lui fit le plus grand honneur dans les deux mondes : l'Amérique le regarda comme un demi-dieu et Charlequint en Europe lui permit de placer un Volcan dans ses armoiries.

Le Volcan de Guatimala a presqu'autant de célébrité que celui de Pococatepec : les Espagnols le regardent comme une des bouches de l'enfer : ils n'ont point eu d'Ordaz qui ait osé approcher de son Cratère, et un moine l'ayant atteint seulement à la distance de 250 pas, tomba sans connaissance, et revint avec une tête siégarée qu'il en contracta une fièvre chaude. Cette montagne ardente est divisée dans sa haute région en deux Cônes qui jettent également de la fumée et des flammes : sa position n'est qu'à huit lieues de la mer du Sud : ainsi tout démontre la correspondance des eaux avec le foyer de l'embrasement.

A peu de distance de cette même ville de Guatimala, Thomas Gage, vit deux montagnes à éruption, dont l'une vomissait de l'eau et l'autre du feu. La première a ses flancs couverts de tous les trésors de la végétation, et l'autre, de l'aspect le plus affreux, n'offre du sommet à la base que des cendres et des roches calcinées. Il y eut du temps de cet observateur, une explosion de la dernière de ces montagnes, pendant laquelle il s'éleva dans les airs des masses de rochers du volume d'une maison : la situation de Guatimala entre ces deux

Volcans d'eau et de feu, a fait dire qu'elle était à égale distance de l'enfer et du paradis.

C'est surtout dans les environs de Nicaragua que le Mexique offre le plus de ces bouches à feu qui ont tant fait déraisonner les physiciens, lorsqu'ils n'ont considéré que des faits isolés, sans les lier à un grand système.

Le Volcan de Rialejo, le premier qu'on rencontre en descendant au Sud vers Nicaragua, est sur la côte même de la mer du Sud, à trois lieues de Huvre : on ne nous a point appris d'autre détail sur ses éruptions, sinon qu'on découvre de vingt lieues en mer la fumée et la flamme qu'il projette du haut de son Cratère.

Le Volcan de Léon n'est qu'à une petite journée de celui de Rialejo. Ses explosions deviennent tous les jours moins fréquentes et surtout moins dangéreuses. Dans le temps que l'incendie de son foyer avait encore beaucoup d'activité, les Espagnols assés ignorans en physique pour croire que l'or n'était que du feu modifié, eurent quelquefois la stupidité de faire descendre dans son Cratère un vaisseau d'airain, attaché à une longue Chaine, se flattant de le retirer plein du métail qu'ils avaient diviné; et quand ils voyaient le néant de leurs recherches, ils l'attribuaient à des enchantements dont il fallait toujours que quelqu'Indien fut la victime.

Niciragua elle-même a un Volcan: mais il a sa base dans une Isle située dans le lac de ce nom qui a quatre-vingt lieues de tour: cette petite mer Caspienne communique par un canal au lac de Lindiri, sur le bord duquel est une autre montagne ardente, qu'on nomme le Mumbacho et qui épouvanté tous les villages circonvoisins, par la violence de ses éruptions.

Pour peu qu'on soit initié dans les mystères de l'organisation du globe, on se persuade aisément que les lacs de Lindiri et de Nicaragua, sont des restes assés récents de la mer du Sud : et cette idée acquiert une nouvelle force, quand on sçait que le grand lac a son flux et son reflux, et qu'il n'est séparé de l'océan que par une Chersonnèse de trois lieues.

Le temps viendra, où, traçant, avec plus d'audace, une ligne de démarcation au travers de nos continents, nous prouverons que le lac de Nicaragua, du côté même qui est opposé à la mer du Sud, réunissait ses eaux à l'Océan : en effet, on voit sortir de son sein une rivière de Saint Charles, qui se jette au golfe du Mexique, par une multitude d'embouchures : ainsi il suffirait de percer l'Isthme de Nicaragua pour réunir les deux mers, et partager en Isles le continent du Nouveau Monde.

Mais en ce moment nous n'avons à entrouvrir qu'une partie du rideau, derrière lequel travaille la nature : il suffit d'a...

prouvé que toutes les bouches ardentes du Mexique, par où s'exhale le feu qui consume leurs cavernes, sont nées au milieu des eaux, et peuvent encore en recevoir les émanations dans leurs foyers.

Voyons si ces mêmes bouches à feu, non plus isolées au milieu des plaines, mais adossées à des montagnes primordiales, ne rompent pas l'unité de notre théorie du Volcanisme.

Si on prend les Cordilières par leur extrémité Méridionale, et qu'on les suive, dans la Carte de Danville, le long du Chili, depuis le Volcan de Saint Clément, situé au quarante-sixième dégré de longitude, jusqu'à celui de Coquinbo, placé au trentième, on trouve dans cet espace de quatre cents lieues, treize montagnes ardentes, toutes adossées à la Chaîne primordiale, et toutes plus connues par les noms que l'Espagne leur a imposés, que par les phénomènes variés de leurs éruptions : or, la

Chaîne des Cordilières, sur laquelle s'appuyent ces treize Volcans, a sa direction le long de la mer du Sud, dont elle n'est éloignée, dans sa plus grande distance, que de quarante-cinq lieues : intervalle qui se rapprocherait bien davantage, si l'on considérait qu'un massif pareil à celui d'une montagne primitive, a d'ordinaire sa base à un degré de la ligne perpendiculaire, qu'on tirerait de sa cime : d'où il résulte que la voute du Volcan qui lui est adossé, ne doit pas être éloignée de plus de vingt lieues, de la mer qui en propage les incendies.

Les Volcans, qui sont appuyés sur la Chaîne Granitique du Pérou, sont ceux d'Aréquipa, de Sangaï, de Pichinca et de Cotopaxi : aucun, dans le Nouveau Monde, ne mérite plus notre attention, soit à cause des désastres qu'ils ont fait naitre, soit parce qu'ils ont trouvé un Pline pour en transmettre le souvenir aux siècles, dans la personne de l'ingénieux la Condamine.

La montagne de feu, située auprès d'Aréquipa, avait des éruptions, dès le temps de l'age d'or du Pérou, c'est-à-dire, quand ce bel empire appartenait aux enfans du Soleil: cependant il était toujours à craindre que la ville, bâtie par les Indigènes, aux pieds de ce Volcan, n'eut un jour un sort peu différent de celui de Pompeyes et d'Herculanum; Corréal en faisait la prédiction en 1632, et l'oracle s'est vérifié en 1784 ; le 13 Novembre de cette année, le mont embrasé, secoua si fort, dans une de ses explosions, le sol d'Aréquipa, qu'elle fut détruite de fond en comble : il faut observer que le Volcan n'est qu'à vingt lieues de la mer du Sud, et qu'une rivière coule, le long des murs de la ville malheureuse qu'il a renversée.

Le Volcan de Sangaï, connu aussi sous le nom de Macas, a les flancs de son Cratère couverts d'une neige éternelle: le fracas

de ses éruptions se fait entendre à quarante
lieues : on dirait qu'il y a dans ses entrailles
un double réservoir d'eau et de feu : car
pendant que d'un côté il vomit des torrents
de Laves qui vont dévaster la plaine, de
l'autre il lui rend la fécondité en y épan-
chant les eaux d'une rivière, qui prend sa
source dans ses rochers, et va se jetter
dans le grand fleuve des Amazones.

Les deux grands physiciens, Bouguer et
la Condamine, en allant étudier une nature terrible au Volcan de Pichima, ajou-
tèrent de nouvelles données, pour résoudre
un jour le problème du Volcanisme.

Le Pichima, au pied duquel Quito est
située, a trois pointes éloignées l'une de
l'autre de douze à quinze cents toises : il
n'y en a qu'une qui soit le Cratère d'un
Volcan : nos académiciens, pour s'y rendre,
furent obligés de se créer dans la neige,
les marches inégales d'un escalier, sur une
hauteur taillées à pic, de près de six cents

pieds : ils arrivèrent enfin à la bouche semi-circulaire de la montagne ardente, qu'ils jugèrent de près de 900 toises de diamètre : ce vaste gouffre était séparé par une espèce de rempart de roches calcinées qui s'étendait de l'Est à l'Ouest : le Volcan dormait alors, et tout ce qu'on voyait dans le Cratère, semblait les décombres du Pic de la montagne qui s'était écroulé dans l'abyme.

Il y a une petite bouche au Pichima qui fume encore de temps en temps, et exhale au loin une odeur sulphureuse : mais depuis les brigandages de Pizarre, qu'on a honorées du nom de conquête, il n'y a eu de vrayes éruptions qu'en 1538, 1577, et 1660.

La montagne de feu de Cotopaxi, touche du même côté de Quito à la branche-mère des Cordilières : elle creva à l'époque de la conquête du Pérou ; et ce présage sinistre ne sauva pas un seul assassinat aux conquérans féroces de l'empire du Soleil.

Dom Uloa fut témoin de l'éruption de 1743. Après un fracas épouvantable dans les concavités de ses cavernes, il se fit quatre ouvertures à la montagne dont trois aux flancs et une à la cime : le débordement des neiges fondues qui suivit ce phénomène noya cinq lieues de pays avec la plus grande partie de ses habitans.

L'explosion de 1744, fut plus terrible encore, s'il est vrai, comme le dit la Condamine, qu'à l'aide d'un vent de Nord-est, on l'entendit à cent vingt lieues : les gerbes de flammes s'élevaient au dessus du Cratère à plus de dix-huit cent pieds : gerbes d'autant plus étonnantes que, dès 1738, la surface supérieure du Cône tronqué qu'elles embrassaient, avait déjà plus de 4800 pieds de diamètre.

Le même académicien parle de quartiers énormes de rochers, qui, à l'époque de cet incendie, furent lancés à plus de trois lieues : il y en avaient qui formaient des cubes de quinze toises : la cendre compacte qui sortit du gouffre, couvrit la campagne dans une zone immense de manière à y anéantir toutes les traces de la végétation et celles qui se trouvaient plus légères furent portées en mer par les vents à une distance de quatre-vingt lieues.

On peut faire sur les Volcans du Pérou la même observation philosophique que nous avons faite sur ceux du Chili, c'est que la Chaîne Granitique, à laquelle ils sont adossés, n'est pas à une distance assés grande de la mer du Sud, pour qu'on ne puisse pas supposer une correspondance souterraine entre le bassin de ses eaux et le foyer de leurs incendies.

Et si l'inspection des cartes ne suffisait pas pour lever à cet égard tous les doutes de la critique, voici un texte du lieutenant général, Dom Ulloa, longtemps commandant pour l'Espagne au Pérou, qui viendrait à l'appuy de notre théorie.

« Tout le pays qui regarde la mer du » Sud est bas : j'appelle ainsi l'espèce de » Zone qui s'étend depuis Choco à sept ou » huit dégrés au Nord de l'Équateur jus- » qu'au 28e. au Sud, de la même ligne » équinoxiale. La largeur de toute cette » bande de côtes, est de 8 à vingt lieues » » au point où finit ce plat pays, commence » la Chaîne des Cordilières. »

Cet intervalle désigné par Dom Ulloa, en le supposant depuis Choco, vers l'Isthme de Panama, jusqu'à San-Fernando, dans le Tuctucuman, embrasse une bande de terre de 875 lieues, et on trouve dans cette direction tous les Volcans du Pérou, qui, par leur position, s'éloignent peu de l'Équateur.

On sent qu'il ne faut pas supposer un grand nombre de siècles pour arriver à l'époque où cette Zone, basse de huit à vingt lieues de largeur, était sous les eaux : alors la mer venait battre les racines des Volcans qu'elle avait élevés sur les flancs des Cordilières.

D'après cet examen de tous les Volcans connus du globe, qui sont en terre ferme, on peut conclure hardiment qu'il n'en est point qui ne soit né dans une Isle, ou du moins dans une Péninsule.

DES VOLCANS ÉTEINTS
DE L'EUROPE.

Si on doutait un moment de l'étendue de l'empire du feu, dans les ages où le globe n'existait ni pour les arts, ni pour les hommes, il suffirait de jeter les yeux sur cette multitude de terreins Volcanisés, dont nos continents sont couverts, et qui offrent les décombres d'une nature bouleversée, à côté des monuments réguliers d'une nature qui s'est organisée lentement : ces ruines antiques et terribles, parlent plus éloquemment à l'observateur que tous les livres des philosophes.

L'incendie interne du globe s'est manifesté sur la plus grande partie des points de sa surface : il n'y a presque point en effet de contrée dans nos continents qui ne présente où sur son sol, ou au dessous de ses premières couches, les vestiges des désordres causés par ses antiques explosions.

Cet incendie a dû sur-tout exercer beaucoup plus de ravages du côté de l'Équateur que vers les Pôles : on peut en juger par l'activité des Volcans qui brulent encore au Pérou et aux Molucques.

Mais, d'après nos principes, il ne peut y avoir d'expansion du fluide enflammé dans les cavernes du globe, sans une filtration des eaux de la mer qui en allument les pyrites et qui entretiennent l'incendie de leurs foyers : toutes les terres Volcanisées devaient donc, dans leur origine, être entourées de l'Océan, germe nécessaire de leurs explosions.

C'est ici sur-tout que triomphe notre théorie : nous ne plions pas la nature à nos idées ; mais nos idées viennent d'elles-mêmes se ranger sur le plan de la nature.

Il est évident que plus un Volcan s'éloigne des mers qui l'ont organisé, plus ses canaux de communication s'obstruent, et plus il est disposé à s'éteindre : et en effet nos continents son pleins, dans leur intérieur, de montagnes en ruines, dont l'incendie primitif est attesté par leurs Cratères, leurs Laves et leurs Pouzzolanes, tandis que les vrayes bouches du feu n'existent que dans les Isles ou dans les Péninsules.

Les mers, en s'abaissant, ont dû abandonner d'abord les contrées les plus élevées du globe : ainsi les Volcans les plus anciennement éteints, doivent se trouver sur la partie de notre continent, qu'on regarde comme le berceau des hommes.

Les faits sont ici merveilleusement d'accord avec les principes : les pays les moins volcanisés de la terre sont la Chaîne du Caucase, celle des Atlas et le plateau de la Tartarie.

En général l'Asie et l'Afrique, plutôt abandonnées de l'Océan, ont plutôt aussi secoué l'empire du feu : on ne voit point de traces de ses ravages ni sur leur sol extérieur, ni dans leur histoire.

L'Europe, devenue beaucoup plus tard un continent, laisse voir sur la majeure partie de sa surface, l'empreinte de l'incendie qui l'a désolée, lorsqu'elle était divisée en Archipels.

Enfin le nouveau monde infiniment postérieur à l'Europe pour l'époque de l'organisation, n'a pas encore eu le temps de voir obstruer les galeries sousmarines, par lesquelles se filtre le fluide destiné à alimenter ses foyers de destruction : aussi c'est la partie du globe où les montagnes ardentes sont le plus en activité.

Réduisons ces résultats sous le même point de vue : il faut, pour que ma doctrine soit aussi juste qu'elle semble neuve, qu'il y ait une foule de Volcans brulans en

Amérique, qu'il n'y en ait que d'éteints au sein de l'Europe, et qu'on n'en voya ni d'actifs ni de privés d'activité en Asie et en Afrique.

Or, ce tableau, que la raison demande, se trouve fait et de la plus grande vérité ; en présentant les phenomènes qu'exige le Volcanisme, j'en ai tracé l'histoire.

Je prie seulement de ne pas attacher une acception trop rigoureuse à ce mot : QU'ON NE DEVAIT VOIR AUCUN VOLCAN MÊME INACTIF EN ASIE ET EN AFRIQUE. Je suis loin de croire que ces deux premiers berceaux du genre-humain n'ayent pas été bouleversé vers l'origine des ages par un feu dévastateur : mais il y a tant de myriades de siècles qu'ils ont éprouvé ces désastres, que leur sol n'en conserve plus de traces. Les Pics de leurs montagnes ardentes où se trouvaient les Cratères, se sont abaissés : leurs Laves, leurs chaussées de géants, leurs Pouzzolanes, sont ensevelies sous un volume incommensurable de couches végétales : ainsi leurs monuments Volcaniques, vû l'imperfection de la géographie souterraine, sont pour nous comme s'ils n'existaient pas.

Maintenant que l'enchainement de toutes les parties de ma théorie commence à se pressentir, traçons le tableau des Volcans éteints de l'Europe.

Les premiers indices des terres Volcanisées, se trouvent en Sibérie, à peu de distance de la Chaîne Granitique des monts Itaïco : on y a trouvé un monticule isolé plein de petite Pyrites ferrugineuses, et vers les deux tiers de sa hauteur, une espèce de rochers de Laves, composés de Basaltes pentagones de quatre ou cinq pieds de long, sur cinq à six pouces de diamètre : les immenses débris qui couvrent tous les environs, empêchent de voir si la roche est adhérente au corps de la montagne.

Si de la Russie on descend en Allemagne,

on rencontre à chaque pas les phénomènes d'une nature en désordre et qui a subi lentement le plus violent des incendies.

Le comte de Born nous a fait connaître les colonnes de Basalte, reste précieux des antiques Volcans d'Egra dans la Bohême.

Le baron de Dietrich a trouvé à chaque pas qu'il a fait dans le Brisgaw, un sol Volcanisé : phénomène auquel il attribue les variations que le Rhin a éprouvées dans son lit et que la géographie physique ne pouvait expliquer.

Le sçavant Raspe a adressé à la Société Royale de Londres, un traité sur les Volcans éteints de Cassel, où il prouve que les Basaltes innombrables qu'on y rencontre doivent leur origine à une matière, qui, après avoir été mise en fusion par un incendie souterrein, a adopté la figure de colonnes.

Le chevalier Hamilton a vu paver avec de la Lave indigène, la cour du palais de l'électeur Palatin à Dulseldorp, il a observé qu'on avait bati avec des Basaltes les murs de Cologne : il a reconnu aux environs de Bonn sept Volcans éteints, et il est entré dans la fameuse carrière d'Unkel auprès de Coblentz, dont on a tiré depuis plusieurs siècles des millions de colonnes de matière Volcanique et qui en fournira probablement tant qu'il y aura des arts et des hommes en Allemagne.

Je sçais que l'histoire ne fait aucune mention de montagnes ardentes en activité dans les États Germaniques : mais ce beau pays n'a point d'histoire avant Tacite : encore le premier des historiens est-il soupçonné d'avoir moins cherché à crayonner les mœurs des Germains, qu'à faire une satyre ingénieuse de la Rome des Césars. Le silence des peuples Indigènes, sur la nature des ruines qu'ils foulent aux pieds, ne prouve point qu'elles n'existent pas, mais seulement que dans des temps primitifs, des générations entières y ont été ensevelies.

On voit sous le nom de pavés de géants, des traces non moins évidentes d'anciens incendies Volcaniques dans une partie de la Grande Bretagne, c'est à dire, en Irlande et dans l'Archipel des Hébrides.

On entend sous le nom de pavés de géants, de vastes rochers de Basaltes, configurés d'ordinaire en prismes quadrangulaires, pentagones, hexagones, ou heptagones, dressés verticalement les uns à côté des autres sur plusieurs lignes, et que leur élévation fait prendre à une multitude ignorante pour l'ouvrage des Briarée et des Encelade.

Le pavé de ce genre, qu'on voit sur le bord de la mer, dans le comté d'Antrim en Irlande, a passé longtemps pour un monument unique ; mais l'illusion a cessé depuis que les Ferber et les Hamilton ont voyagé : aujourd'hui on rencontre ce jeu de la nature, partout où il y a des traces d'antiques explosions des cavernes incendiées du globe.

Ces monuments muets de la marche, non des géants, mais d'une nature qui détruit, se voyent sur-tout aux Hébrides, petit Archipel à l'Occident de l'Écosse.

La Colonnade de Sirie est composée de prismes, à quatre, cinq ou six angles, de vingt pieds de hauteur : leurs ruines vers la base, a l'apparence la plus imposante ; elles semblent exister sur ce sol incendié depuis l'origine des êtres, tandis que les péristiles des temples Grecs et Romains, ouvrages des hommes, mis en parallèle, paraîtraient n'exister que d'hier.

La fameuse grotte de Staffa, qui porte le nom de Fingal, père d'Ossian, est en ce genre la merveille des Hébrides.

Cette grotte, si l'on en croit le judicieux Pennant, qui l'a observée en 1772, est formée de colonnes d'une très-grande ré-

Grotte de Fingal.

gularité, qui soutiennent une voute d'énormes rochers; elle est au niveau de la mer qui s'y est fait jour: mais on peut en faire le tour intérieurement par le moyen d'un certain nombre de fûts de colonnes qui s'élèvent au dessus des vagues.

La voute s'annonce par un péristyle de cent vingt pieds Anglais de longueur et la colonade depuis l'entrée de la grotte en a 250.

L'ensemble de cette architecture n'offense point l'œil de l'homme de gout, à cause des proportions de ses parties : l'ouverture de la grotte a un peu plus de 53 pieds de large: pour sa hauteur, au même point, elle est de 117, et elle va en se dégradant par dégrès, comme une décoration d'Opéra, jusqu'au fond de la scène où elle n'a plus que 70 pieds d'élévation.

Le même voyageur a observé qu'à l'Ouest de cette grotte de Fingal, on trouvait d'autres colonnes collossales de 55 pieds de hauteur placées entre une couche de Tuffa et un énorme massif de Laves et de Basaltes.

Il semblerait, dit-il, que le Basalte fondu par un incendie Volcanique aurait éclaté en prenant la forme de colonnes dans son refroidissement; quoiqu'il en soit de cette hypothèse, qui pourrait n'être qu'ingénieuse, il paraîtra toujours bien étrange que de pareils appuys soutiennent, depuis un si grand nombre de siècles sans se briser, un massif qui, dans quelques endroits a jusqu'à 66 pieds de solidité.

La merveille devient plus étonnante encore, quand on réfléchit que la base de la grotte, étant aujourd'hui sous les eaux, il faut qu'elle se soit abbaissée toute entière par l'effet de quelque tremblement de terre, ou par l'affaissement d'une caverne soumarine, où les Volcans de l'Isle se sont précipités.

A mesure qu'on avance dans les contrées de l'Europe, les plus empreintes des pas des naturalistes, on voit se multiplier les monuments du Volcanisme.

L'Italie entière est pleine de Volcans éteints qui annoncent les luttes terribles du feu et de l'eau dans cette grande Péninsule, avant la naissance de ses monarchies.

Je ne parlerai point de cette foule de petits rochers Volcaniques, comme ceux de Santa Fiora et de Radicofani, qui ne se font reconnaître qu'aux yeux exercés, à cause de la morne qui les environne : il faut, dans un ouvrage de la nature de celui-ci, n'exposer que des faits, dont le pyrrhonisme ne puisse altérer l'authenticité.

La colline de Montemario, qui faisait partie de l'ancienne Rome, a pour base une couche de matières incendiées et pour enveloppe extérieure, des cendres Volcaniques : il en faut dire autant du monticule coupé à Pic près de la tour de Quintus, au pied duquel passe la grande route de Rome à Lorette. Ce qui est fait pour confondre tous les principes de la physique vulgaire, c'est que les cailloux roulés se trouvent en amas des deux côtes, entre les lits de substances Volcanisés, de manière que les deux collines soient le produit de l'action alternative du feu et de l'eau. Le Tufa, qui sert de voute au second monticule, soutient le tombeau d'Ovide.

Le mont Albain, a douze milles de la capitale de l'Italie, est un ancien Volcan a deux Pics, dont la Lave noire et compacte, sert à paver les rues de Rome, à construire ses grands chemins et à reparer ses anciennes statues de Basalte oriental: on peut regarder ce qui reste de cet antique Vésuve comme une partie de l'ancienne circonférence du Cratère, qui est demeuré sur pied, lorsque le fond de la montagne ardente s'est écroulé sur lui-même.

Le mont Albain repose sur une plaine où il y a un grand nombre de lacs : on y voit aussi des eaux Thermales ; parmi lesquelles on peut compter cette fontaine, que la crédulité Romaine faisait passer pour le produit des larmes que la mort de Numa fit verser à Égérie.

Deux des Lacs que la source d'Égérie avoisine, le lac de Nemi et le lac Albain, sont, suivant Ferber, les Cratères de la montagne ardente, qui s'abima à une époque qui ne sçaurait être calculée par notre petite chronologie.

Ce phénomène de deux Cratètes de Volcans, méthamorphosés en amas d'eaux, n'est point unique dans les plaines de l'Italie.

Les lacs d'Averne et d'Agnano, l'Astruni et peut-être la petite mer morte, qui a succédé à l'antique Achéron, tous objets qu'on voit dessinés dans la carte des environs de Pouzzoles, sont évidemment des abymes de Volcans écroulés, que les eaux ont remplis. Ce fait a été envisagé sous un trop grand nombre de faces par les physiciens pour être encore un problème.

L'Astruni, depuis long-temps, s'est desséché : on n'y voit plus que trois marais de peu d'étendue : son sol est devenu un parc de sangliers pour le roi de Naples, et les chemins creux qu'on a été obligé de creuser dans la circonférence de cette immense Cratère, servent admirablement à démontrer l'organisation des couches, leur succession quelquefois interrompue et leur étonnante régularité.

L'Agnano est un vrai lac d'un demi-mille de diamètre. Les vapeurs brulantes qui s'élèvent des environs du bassin, et qui dénotent un feu souterrein qui a encore quelqu'activité font bouillonner ses eaux dans quelques endroits de son rivage.

Le lac Averne est celui de tous les Champs Phlègréens qui offre le plus d'indices de Volcanisme. Le baron de Dietrich a observé que toutes les montagnes qui l'entourent ont

ont été incendiées : il y a des eaux Thermales dans la grotte de la Sibylle, qui fait partie de son enceinte, et du temps de Virgile, c'est à dire, à une époque très-moderne, les exhalaisons sulphureuses qui s'en élevaient, faisaient encore périr les oiseaux qui les respiraient dans l'atmosphère.

Il y a dans les Champs Phlégréens, une espace de trois lieues quarrées, qu'on peut regarder comme une suite continue de Cratères éteints ; on y arrive par un chemin taillé dans une masse épouvantable de Laves qui, dans certaines parties, a quatre-vingt pieds de hauteur, sur un quart de mille d'étendue. La masse est couverte d'une cendre rouge, semblable à ce mélange de scories, qui est la Pouzzolane par excellence.

Il est infiniment vraisemblable que les Volcans des environs de Naples communiquaient dans une haute antiquité, avec ceux de la campagne de Rome, qui ont couvert son sol de Pouzzolanes : ainsi les deux contrées qu'on a appellées dans le moyen age, le Latium de la Campanie, ont été arrachées, dans presque tous leurs points, à l'empire du feu : et il a fallu que tous les canaux de communication entre la mer et les foyers d'explosion s'obstruassent, pour que Saturne vint préparer l'empire, où un peuple roi a donné six cents ans des loix à l'univers.

L'incendie interne du globe, à une époque inaccessible à l'histoire, ne se manifeste pas moins en France qu'en Italie.

Cette partie de notre géographie physique était encore inconnue, il y a un demi siècle ; nous foulions aux pieds les matières Volcaniques, sans nous appercevoir que le sol qu'elles couvraient avaient été un Volcan : nous ne concevions pas qu'il put y avoir, pour notre terre incendiée, une époque dans la nature, parce que nous n'en voyons aucune trace dans les époques de l'histoire,

L'académicien Desmarets est un des premiers qui ait vû la géographie de son pays en homme de génie : il a fait avec le marteau du mineur l'anatomie de nos montagnes, comme Newton avec son prisme fit autrefois l'anatomie de la Lumière ; et quoique son travail peu encouragé, n'ait pas été conduit aussi loin que son zèle le faisait espérer, il faut lui sçavoir gré d'avoir tracé d'une main hardie, les premiers linéamens de notre histoire du Volcanisme.

Un naturaliste très-distingué a continué avec les faits, l'édifice philosophique dont on venait de jetter les fondemens avec la raison : c'est l'auteur des RECHERCHES SUR LES VOLCANS ÉTEINTS DU VIVARAIS ET DU VELAY : il est difficile, quand on a lu cet ouvrage estimable sous tous les points de vue, de se défendre d'un mouvement de terreur, en marchant sur ce sol incendié de la France, que nous avions cru jusqu'ici à l'abry des grands désastres de la nature.

La France avait ses plaines ensevelies sous les eaux réunies de l'Océan et de la Méditerranée, quand ses montagnes ardentes commencèrent leurs explosions.

À la tête de ces montagnes ardentes, il faut mettre le Cantal de l'Auvergne, qui s'élève de 6000 pieds au dessus du niveau des mers, et son Puy-de-Dôme qui ne porte sa tête qu'à 4800, mais dont le Cratère est beaucoup mieux prononcé : Paschal ne se doutait pas, quand il fesait cette dernière, ses belles expériences sur la pésanteur de l'air, qu'il était sur la bouche d'un antique Vésuve ; il est probable que ce beau génie, qui croyait voir sans cesse un abyme derrière son fauteuil, aurait de terreur, brisé vingt fois son baromètre.

Les petites montagnes du Forez, qui servent d'enceinte à la ville de Montbrison, sont couvertes de Laves depuis leur sommet jusqu'à leur base ; il est même très vraisemblable que le mont d'Asore et le mont

Verdun, qu'on voit dans les plaines d'Ar-
tède, doivent leur existence à l'extension
d'une voute de quelque caverne incendiée.
Si Durfé avait pu pressentir, au de-là de
son monde théologique, l'époque de cet
antique évènement, il est à présumer qu'il
auroit fortifié d'une épisode de Cyclopes,
le roman doucereux où il fait déraisonner
en amour les bergers du Lignon.

Nous avons une histoire naturelle du
Languedoc, où il est fait mention de dix
Volcans éteints, dont les bouches sont encore visibles : le sçavant Gensanne, qui
l'a écrite, en a reconnu trois dans le seul
voisinage du fort Brescou. L'évêque d'Agde
a un puits taillé, à cent quatre pieds de
profondeur, dans un massif de laves, sans
qu'on ait pu trouver la dernière couche ;
quoique le dernier terme de l'excavation
se trouve à trois pieds au dessous du niveau de la mer.

Des physiciens qui ont parcouru la Provence, dans le dessein de voir la nature et non de la créer, ont trouvé des Laves noires et compactes autour des petites montagnes Volcanisées d'Évenos, de Broussan, de Cogolin, de Beaulieu, de Laverne, et d'Ollioules.

Mais c'est surtout dans le Velay et le Vivarais que l'élément du feu a empreint d'une manière plus effrayante les traces de ses dévastations.

La terre calcaire n'existe nulle part sur la surface extérieure du Velay : tout, à l'exception de quelques masses de Granit, y est Volcanique.

Il n'y a point de contrée en Europe, qui offre une plus belle suite de montagnes de Laves. Le Mézinc incendié, depuis son sommet jusqu'à sa base, s'élève à une hauteur de 6400, et domine sur plus de vingt-cinq monticules Basaltiques, qui semblent émanés de son Cratère primordial.

La capitale même du Velay est bâtie sur

deux énormes massifs de Laves, qui sont le rocher Corneille, et le mont St. Michel.

L'admiration et la terreur augmentent, quand on quitte le Velay, pour étudier le sol Volcanisé du Vivarais.

L'ingénieux Faujas a soumi à ses calculs une Zône de vingt-six lieues de long, qu'il a parcourue dans cette province et qui lui a paru brulée sans interruption, par l'incendie de ses cavernes.

Il pense qu'en ne donnant qu'une largeur moyenne de quatre lieues à cette bande de terres Volcanisées, il en résulte une surface de cent quatre lieues, qui, réduite en toises quarrées, en fait quatre cents seize millions : il ajoute, qu'en ne supposant la profondeur des Laves que de soixante pieds, la solidité de cette masse équivaudrait à quatre milliards cent soixante millions de toises cubiques : ce qui donne une haute idée de la violence des explosions de ces Volcans éteints, dont aucune tradition ni orale ni écrite n'a conservé la mémoire.

C'est dans le Vivarais qu'on trouve ces magnifiques Basaltes en blocs, en tables, en prismes, en pyramides, en obélisques, qui constituent les rampes de Montbrul, le payé des géants des ponts de Bridon, de Rigaudel et de la Baume, et la base des Volcans de Rochemaure et de Chenavari.

Tous ces grands tableaux sont si bien dessinés dans l'ouvrage que j'analyse : les gravures qui les accompagnent, aident avec tant de succès l'imagination, qui aime à s'égarer au milieu de cette scène d'antiques désastres, que je ne sçaurais mieux faire que d'y renvoyer.

Je me contenterai de transcrire un texte précieux, fait pour répandre le plus grand jour sur la multitude de Volcans, qui couvrent, sans qu'on s'en doute, la surface de l'Europe.

« La Zone incendiée part du Cantal,

» traverse une partie de la France, aboutit
» à Agde, s'enfonce dans la mer, traverse
» le golfe de Libye, et va gagner les Vol-
» cans éteints de la Corse ; tandis qu'une
» seconde ligne partant de celle d'Agde,
» coupe la portion du cercle que forme
» le golfe de Lyon vers les Bouches-du-
» Rhône, vient retrouver les Volcans éteints
» de Laverne et de Cogolin, entre dans
» les montagnes des Maures, et pénètre
» les Apennins, où ils se sont fait un
» passage pour aller se confondre avec
» ceux de l'Italie. La bande brûlée de
» cette dernière région, conduit à celle
» des deux Siciles. On est de là sur la route
» de l'Archipel.

Le grand arbre de feu qui a couvert autrefois l'Europe entière, a d'autres rami-
fications encore, qui s'étendent le long du
Rhin et en Bohême : il en existe même
qui vont atteindre ce continent, jusqu'à
ses extrémités Septentrionale et Occiden-

tale, c'est-à-dire, en Siberie et dans la Grande Bretagne : mais il faudrait le concours des artistes et des gouvernements, pour tirer cette vérité du nombre des apperçus philosophiques : c'est quand les souverains, qui tendent de tous les trônes à se rapprocher de l'homme, aurait encouragé partout les découvertes de la géographie souterraine, qu'on pourra se flatter de tracer une carte Volcanique des deux hémisphères.

Enfin, une des parties les plus importantes de mon essai sur le Monde Primitif, est terminée. J'ai posé une ligne de démarcation entre les conquêtes du feu et celles des mers, sur la surface du globe.

Il ne me reste plus, après avoir été l'historien des Volcans, que d'être celui des montagnes secondaires, que l'Océan a organisées lentement dans son sein : c'est alors qu'un nouvel horison se présentera à nos pinceaux : la terre, qui jusqu'ici n'a paru que dévastée par le plus destructeur des élémens, prendra, sous un fluide bienfaiteur, des inflexions plus adoucies, recevra les germes de la fécondité pour les développer, et en devenant le berceau de l'homme, trouvera le seul être digne de sentir ses malheurs et de s'attendrir sur ses bienfaits.

Mais avant d'entrer dans cette carrière nouvelle, il reste à jetter un coup d'œil sur deux questions, qui tiennent à la fois au monde organisé par la mer, et au monde dévasté par le feu : je veux parler de la hauteur relative des montagnes et de leur destruction.

DE LA HAUTEUR RELATIVE
DES MONTAGNES.

Si on présente devant les yeux tous les anneaux de notre grande Chaine spéculative, on pourra, avant de s'assurer des faits, résoudre d'avance tous les problémes qui naissent de la hauteur relative des montagnes.

D'abord la nature, tel qu'un ressort au premier moment où il est tendu, n'ayant jamais eu plus d'énergie qu'à la naissance des ages, il semble nécessaire que les montagnes élancées avec le plus de puissance dans l'atmosphère, soyent les montagnes primordiales.

S'il est vrai, comme Newton l'a pressenti avec son génie calculateur, que les mers se gonflent plus à l'Équateur que vers les Pôles, et que partout où l'Océan est élevé, les terres sont plus hautes, sans quoi elles ne pourraient se défendre de ses invasions. Il faut en conclure que les montagnes de Granit, nées du premier mouvement de rotation du globe sur son axe, doivent avoir d'autant plus de hauteur, qu'elles approchent davantage du centre de la Zône Torride.

L'Océan, à l'époque où il tomba de l'atmosphère, ayant surmonté toutes les montagnes primitives, il est naturel de penser qu'il ne travailla pas en vain, pendant une foule de siècles, à former au milieu de ses vagues, les éminences nées de ses dépouilles animales et végétales. Plus cet Océan était élevé, plutil devait organiser en grand. Les masses épouvantable de Granit, contre lesquelles il addossait les siennes, devaient lui servir d'échellons pour tacher d'en atteindre les cimes, et ce n'est point contre rier la marche de la nature que de placer dans la hiérarchie des montagnes, celles que nous nommons secondaires, immédiatement ou dessous des primordiales.

Les moins élevées des montagnes, doivent être celles qui tirent leur origine des explosions Volcaniques : en effet, on sent assés qu'un feu de pyrites épars dans des cavernes, et qui a besoin de l'eau pour se développer, ne peut se comparer, pour l'énergie, à celui dont une nature neuve encore s'est servie, pour projetter la charpente du globe à l'époque de son origine.

D'un autre côté le feu Volcanique ne pouvant soulever que des montagnes secondaires, et ce feu n'ayant lui-même qu'une force bornée, il est dans les loix de la physique qu'il ne cherche à s'échapper, que sous les routes qui lui opposait le moins de résistance; ainsi un Volcan, quel qu'il soit, n'a jamais dû, au moment de sa projection, atteindre la hauteur des Alpes secondaires, ou du Pic de Marboré dans les Pyrénées.

Au reste il faut, pour marcher plus sûrement dans ces landes de l'histoire primitive, ne point confondre les époques de la projection des Volcans : assurément plus on remonte aux ages inaccessibles à la chronologie, plus on doit donner d'élévation aux bouches de feu par où s'exhale l'incendie des Pyrites : il n'a pas fallu la même force, pour élancer hors des mers la Thérasie de Sénèque, que le Vésuve, qui bruloit du temps d'Hercule; la roche Volcanique des Açores née de nos jours, ne doit être qu'un Pygmée, en présence de ce géant formidable, qui, sous le nom de Pic de Teyde, désole depuis des myriades de siècles l'Isle de Ténériffe.

Tels sont les phénomènes sur la hauteur relative des montagnes, que présente la plus scrupuleuse des théories : maintenant, si on rencontre de temps en temps sur la globe, tel qu'il est dessiné sur nos modernes géographes, des faits qui les contredisent; il faut croire que cette contradiction n'est jamais qu'apparente, et se rappeller à cet effet les principes que nous avons fait pressentir au commencement de cet ouvrage.

La terre d'aujourd'hui n'est point celle d'hier, parceque la matière en mouvement n'existe que par les développements et les métamorphoses : ainsi il est souverainement absurde de dessiner sous la même forme le globe vieux et le globe au berceau, de juger la géographie des Strabon et des Mela par celle des Büsching et des Danville, et de ne voir que le monde des Strabon et des Mela, dans les cartes du Monde Primitif.

Par exemple, si on nous oppose qu'il existe des Volcans plus élevés que des montagnes secondaires et même que des monts primordiaux, la réponse à ce sophisme se trouve dans les premières pages de cette Histoire.

Il est reconnu, par le rapprochement de tous les faits, que du moment qu'une Isle Volcanique a été projettée hors des mers, si la force de l'explosion fait crever la voûte supérieure, pour laisser un libre passage aux feux internes qui dévorent ses cavernes, le Cratère une fois formé, il va toujours en s'élevant par l'accumulation des matières embrasées qui s'entassent sur ses bords : c'est ainsi que les vingt-quatre bouches ardentes qui entourent l'Etna se sont accrues dans nos temps modernes : c'est ainsi que l'Etna lui-même, dans les âges inférieurs, a porté sa cime par gradation dans la région des nuages.

Mais à la première éruption de l'Etna, du Cotopaxi et du Pic de Ténériffe, ces Volcans qui le disputent aujourd'hui en hauteur aux grandes Chaines primordiales n'étaient que des faibles tiges, dans le tronc immense des inégalités du globe.

Et en même temps que ces tiges s'élevaient, le tronc lui-même s'abbaissait, comme cela devait naturellement arriver du moment que les cimes des montagnes primordiales, dépouillées de leur enveloppe végétale éprouvaient les influences terribles de l'atmosphère.

Ainsi notre théorie n'en reste pas moins à l'abri de toute atteinte, quand même aujourd'hui que notre planète a passé l'âge de sa maturité, le Caucase se serait abbaissé au niveau du Pic de Ténériffe : ou ce qui est la même chose, que le Pic de Ténériffe se serait élevé à la hauteur du Caucase.

Ces bases une fois posées, parcourons indistinctement dans toutes les classes, les montagnes actuellement les plus élevées du globe.

On ignorait, avant ce siècle, l'art de mesurer avec précision les grandes hauteurs de nos continents : c'est un art presque tout neuf, et qui ne datte que de la perfection des baromètres.

Aussi ne peut on s'empêcher de sourire de la crédulité des Kircher et des Riccioli, dont l'un donnait vingt mille toises au mont Athos, et l'autre vingt-huit mille à un Pic peu connu de Larissa en Égypte : assurément une montagne comme celle de Riccioli, qui s'élève de plus de douze lieues astronomiques au dessus du niveau des mers, est du monde de Micromégas et non de celui des Cassini et des Newton.

Strabon a bien d'autres droits à notre croyance, quand il ne suppose que 3411 toises à la montagne la plus élevée du globe : cette mesure s'éloigne peu de celle que la Condamine donne au Pic le plus haut des Cordillières ; et il ne serait point impossible que la différence entre les deux calculs, fut la suite de l'abaissement de la montagne même, dans l'intervalle de près de dix-huit cents ans qui se sont écoulés entre nous et le grand géographe du siècle d'Auguste : au reste on ne peut établir sur ce sujet que d'ingénieuses conjectures, soit parce que nous ignorons la méthode de Strabon, soit parce que rien ne nous assure qu'il connut la Chaîne des Cordilières.

Mon sophisme est d'autant plus raisonnable, que le calcul de Strabon ne sçaurait s'adapter au mont Argée en Capapdoce, qu'il appelle ailleurs le plus haute des montagnes : la raison au reste qu'il en donne, est peu digne de ce beau génie : c'est, dit-il, que sa cime est couronnée d'une neige éternelle, et que le petit nombre d'observateurs, qui peuvent y atteindre, voyent à la fois le pont Euxin et le golfe d'Issus : nous verrons bientôt que le mont Hémus qui du temps de Pline, n'avait que 1777 toises, pouvait être couronné de frimats et permettait aussi de voir à son Pic la Méditerranée et le pont-Euxin.

Les anciens, (je parle toujours de ceux du moyen age; car il ne m'en reste que quelques lignes à demi effacées par le temps sur ceux des temps primitifs), les anciens dis-je, se sont permis quelquefois en donnant une idée de là hauteur des montagnes, de les voir en poëtes plutôt qu'en philosophes.

C'est ainsi que Pline l'ancien se joue de notre crédulité, quand il dit au sujet du mont *Casios* en Syrie : QU'IL EST D'UNE TELLE ÉLÉVATION, QU'À LA QUATRIÈME VEILLE, (vers deux heures après minuit), ON APPERÇOIT DE SA CIME LE SOLEIL LEVANT AU MILIEU DES TÉNÈBRES ; EN SORTE QUE DE CE POINT DE VUE, IL SUFFIT DE TOURNER LA TÊTE DE DROITE A GAUCHE, POUR APPERCEVOIR EN MEME TEMPS LE JOUR ET LA NUIT. Ce conte oriental est d'autant plus étrange que l'historien de la nature le termine par un calcul qui semble d'une grande vérité : c'est qu'on compte dix-neuf mille pas, (5981 toises), pour arriver de la base du Casios à sa cime, et qu'il faut lui en donner seulement quatre, (1259 toises) de hauteur perpendiculaire.

Étienne de Byzance ne s'éloigne guères non plus de la vraisemblance, quand il prétend que le Cyllène, une des plus hautes montagnes secondaires de l'Arcadie, n'a que neuf stades et quatre-vingt pieds, (1138 toises) d'élévation : il est vrai qu'il gate son tableau, en ajoutant que c'est le seul lieu du globe ou l'on voit des merles blancs.

L'Olympe était la tige des vingt-quatre montagnes de la Thessalie : et sa hauteur l'avait fait confondre avec le ciel dont il semblait émaner : aussi Aristote, qu'Alexandre paya si cher pour compiler des Contes, prétend-il qu'il n'y a ni pluye, ni le moindre mouvement d'air sur son sommet : la preuve qu'en donne ce philosophe, est digne de la physique au berceau : c'est que des caractères tracés sur des cendres, au haut du Pic de cette montagne y étaient resté plusieurs années sans s'effacer; au reste cet Olympe qui se confond avec le ciel, qui jouit sur sa cime de la sérénité du séjour des dieux, n'avait, suivant Xénagoras, qu'un peu plus de dix stades de hauteur : ce qui ne fait pas 1260 toises.

Il me semble qu'en général, malgré les exagérations oratoires des anciens, exagérations que souvent ils n'adoptaient que pour l'harmonie de leurs périodes, ils ont évalué avec assés d'exactitude, la hauteur d'un certain nombre de leurs montagnes ; et c'est ce qui doit nous faire regretter la partie des instruments avec lesquels ils suppléaient à la faiblesse de leur trigonométrie, et à l'absence des baromètres.

Dicéarque avait sans doute une méthode particulière, qu'il tenait de quelque peuple primitif. Ce philosophe, un des hommes les plus éclairés de son siècle, au rapport de Pline, bien digne de l'apprécier, avait été chargé par plusieurs souverains de mesurer toutes les montagnes connues, et il avait donné la prééminence au Pélion qui cependant ne s'élevait, suivant lui, que de 1250 pas perpendiculaires au dessus de sa base.

Cette mesure de 1250 pas, qui ne répondrait, en calculant d'après le pas Grec ou le Bema qu'on sçait être d'un pied dix pouces, qu'à 582 toises : à treize de plus si on se guide d'après le pas Romain, qui est de 22 pouces 8 lignes, et seulement à 1041, quand on adopterait notre pas géométrique de cinq pieds ; cette mesure, dis-je, parait d'abord manquer d'exactitude : l'erreur semble d'autant plus manifeste, qu'elle fait tomber en contradiction Pline lui-même, qui comme nous venons de le voir, donne 1259 toises de hauteur perpendiculaire au Casios, inférieur d'après le système au Pélion : il y a grande apparence qu'il y a ici erreur dans les chiffres : et ce qui me confirme dans cette idée, c'est que l'astronome Geminus, qui part d'après la même évaluation de Dicéarque, fait la dernière montagne de dix stades d'élévation verticale ou de 1250 toises.

Le même Geminus achève de conduire à la solution du problème, en donnant toujours, d'après Dicéarque, quatorze stades de hauteur au mont Atabyre dans l'Isle de Rhodes, et 15 à ce même mont Cyllène, qu'Étienne de Byzance n'élève qu'à la hauteur de neuf stades et quatre-vingt pieds : le mont Atabyre aurait donc eu du temps du philosophe Grec, 1750 toises, et le mont Cyllène 1875.

S'il était permis de rectifier le Dicéarque de Pline par celui de Geminus et Geminus par lui-même, il faudrait, en adoptant les évaluations sur les monts Atabyre et Cyllène, donner au Pélion, qui les efface, environ 1900 toises de hauteur, ce qui serait du temps de Dicéarque, la plus grande élévation de la Chaîne du Péloponèse.

Je n'oserais porter plus haut qu'à 1900 toises la hauteur antique du Pélion, parce que Dicéarque parle d'un temple de Jupiter qui avait été bati sur sa cime, et où, à l'entrée de la Canicule, se rendait en cérémonie la noblesse des villes voisines, couverte de pelleteries et de fourrures à cause de la rigueur excessive du froid qu'on ressentait à une telle élévation. On voit par ce récit, d'abord que le Pélion avait sa tête dans la région des neiges : ensuite qu'il ne s'elevait pas à la hauteur prodigieuse de nos Alpes primordiales, puisqu'on batissait des édifices sacrés sur sa cime; toutes les conditions du problème historique se remplissent en fixant son élévation à 1900 toises.

Le Pélion est aujourd'hui une montagne du second ordre, qui, suivant Busching, est loin d'atteindre à la hauteur de 1900 toises perpendiculaires : mais il ne faut pas juger de son état actuel par ce qu'il fut au siècle d'Alexandre, où fleurissait Dipéarque ; qu'on juge de la dégradation de ses cimes par celle du mont Cyllène, qui de 1875 toises qu'il avait au temps de Dicéarque, n'en avait déjà plus qu'onze cent trente-huit au règne de Justinien, ou vivait Étienne de Byzance.

La fameuse vallée de Tempé que couronnaient l'Ossa, l'Olympe et le Pélion, était très-sujette aux inondations et aux tremblements de terre : ainsi les secousses du globe contribuaient avec les lentes influences de l'atmosphère, à abbaisser cette cime superbe du Pélion, que Dicéarque faisait dominer sur tout le Péloponèse.

Le calcul de Dicéarque peut se concilier avec ce que disent les anciens du mont Hémus en Thrace, qui n'avait de hauteur que 6000 pas, ou 1777 toises, quoiqu'on put voir de sa cime deux mers, la Méditerranée et le Pont-Euxin.

Il ne contredit pas non plus la mesure fixée pour l'élévation du rocher Aornos dans l'Inde : de ce rocher qui domine, suivant Denys le Periégète, sur les abymes de l'Océan, et qui tire son nom de la difficulté qu'ont les oiseaux de le franchir. Nous sçavons de Philostrate que l'Aornos n'a que quinze stades de haut, c'est à-dire, 1875 toises.

Les anciens ont beaucoup vanté la hauteur du mont Athos, une des Chaînes de la Macédoine : le crédule Agathémer le regardait avec les Alpes et les Pyrénées comme la plus haute montagne de l'Europe; d'autres ont dit qu'au solstice d'été sur le soir, il jettait son ombre jusques sur la place publique de Myrhina dans l'Isle de Lemnos, qui en est éloignée de 55 milles : mais, d'après cette dernière hypothèse même, Busching ne lui donne qu'onze stades, 1375 toises d'élévation perpendiculaire, et il serait en effet difficile de croire qu'un architecte du siècle de Périclès eut proposé de choisir une montagne plus haute que le Pélion de Dicéarque, pour en faire la statue d'Alexandre.

Une montagne qui sûrement n'était pas entré dans le calcul de Dicéarque, parce qu'au siècle de Périclès, elle devait encore égaler en élévation les plus hautes Chaines primordiales, c'est le Caucase. Les anciens en effet, n'en parlent jamais qu'avec cette admiration qui rend enthousiaste : Aristote prétend qu'il était si élevé, que vers le minuit même, le Soleil colorsit encore sa cime de ses derniers rayons : Salluste assure que son sommet passait de deux milles les grouppes de rochers qui l'environnent; mais il ne faut pas s'appésantir ici sur cette montagne, qui, en qualité de berceau du genre humain, mérite un chapitre particulier dans le cours de cette histoire.

Le Caucase, ainsi que toutes les Chaines, soit granitiques, soit secondaires du globe, s'abaisse de siècle en siècle, et vouloir, en interprétant les textes souvent énigmatiques de l'antiquité, suivre les nuances de cette dégradation au travers des ages, ce serait faire une Encyclopédie de conjectures. Contentons-nous de fixer les hauteurs actuelles des grandes éminences des trois mondes : les philosophes des générations futures compareront leurs mesures aux miennes ; et mon tableau, s'il parvient à la postérité, lui prouvera mieux que tous les raisonnemens, combien la géographie moderne est absurde, de dessiner d'une manière invariable la carte des montagnes.

D'après notre théorie, les montagnes des continents les plus élevés ont dû aussi être les plus hautes : et ce sont aussi celles sur qui la main du temps a pesé davantage. Cette considération va nous guider dans l'ordre de notre tableau.

Le Caucase a dû être, au commencement des ages, la montagne la plus haute du globe, et la tradition, comme nous venons de le faire pressentir, s'en est à peine altérée, en roulant au travers du torrent des siècles. Il était tout simple en effet de penser que, puisque les fleuves qui naissent des cimes de sa Chaîne, l'emportent en largeur et en profondeur sur ceux de notre continent, il devait en résulter une plus grande élévation dans les montagnes mères de l'Asie que dans celles de l'Europe. Malheureusement la barbarie des peuples qui de temps immémorial habitent le Caucase, a empêché que des mesures mathématiques tirassent cette vérité de l'ordre des apperçus. Chardin qui traversa cette montagne célèbre dans le siècle dernier, se contente de dire quelle est la plus haute qu'il connaisse, que sa tête est couronnée d'éternels frimats, et que ses flancs sont hérissés de rocs taillés à Pic, qui attestent sa lente dégradation. Le prince Cantimir, au commencement de ce siècle, fut chargé par Pierre-le-Grand, de visiter cette Chaîne avec des artistes et des soldats : mais son expédition, vaguement conçue et faiblement exécutée, ne résolut point le problème : on ne mesura avec le quart de cercle que le Schalagy, ou le Mont-Royal, et ce Pic, à demi couvert de neiges, fut évalué à dix huit stades ; ce qui suppose une hauteur de 2250 toises, bien inférieure à celle du Mont-Blanc et des Cordilières.

Les montagnes d'Afrique durent être, après celles de l'Asie les plus hautes, et les plus dégradées : on peut en juger par l'antique tradition sur le grand Atlas, qui portait le ciel ou se confondait avec lui. Pline va plus loin ; car il dit positivement qu'on croit sa cime prête à toucher l'atmosphère de la Lune : Mela et Agathémer, dans le moyen age, s'extasient encore sur son élévation ; aujourd'hui les Africains sont loin d'en abandonner les sommets aux aigles et aux vautours, s'il fallait même en croire les voyages de Shaw, une de ses hautes

Chaines

Chaines qu'il a escaladée, serait inférieure aux monts les moins accessibles de la Grande Bretagne.

La seule montagne d'Afrique qu'on ait mesurée par principes, se trouve, non dans le continent, mais dans la mer qui l'avoisine : c'est le Pic de Ténériffe.

Comme on voit ce Volcan, de soixante milles en mer, et qu'il faut trois jours pour monter jusqu'à son Cratère, Robertson en à conclu que c'était la montagne la plus élevée de l'ancien hémisphère, et il n'aurait pas dû affaiblir par ce paradoxe l'autorité de sa belle histoire de l'Amérique.

Assurément cette montagne ardente serait la plus haute, non seulement de notre hémisphère, mais même du globe entier, si le Jésuite Kircher, qui a tant écrit de rêveries sur la tour de Babel, avait eu raison de donner dix milles toises à la tour naturelle des Canaries, qu'on appelle le Pic de Ténériffe.

Buffon pouvait rectifier Kircher; mais ce philosophe, qui rarement fait descendre son génie jusqu'au travail de vérifier des calculs, donne vaguement une lieue et demie, ou 3425 toises de hauteur perpendiculaire à cette montagne des mers d'Afrique.

D'un autre côté, Laurent Échard affirme, dans son dictionnaire géographique, si célèbre et si erroné, que ce Pic des Canaries ne s'élève qu'à 1742 toises au dessus du niveau des mers : ainsi sa supputation diffère de celle de notre Pline, de 1682 toises : cherchons une moyenne proportionnelle entre les deux calculs évidemment exagérés de Buffon et de Laurent Échard : elle se trouvera dans les mesures prises depuis un siècle par nos meilleurs géomètres.

Le père Feuillée, qui étudia ce Volcan en 1704, lui donna 2213 toises : mais la Condamine et Bouguer, meilleurs mathématiciens que ce Religieux, et non moins fidelles observateurs, réduisirent dans la suite sa mesure à 2070.

Le docteur Heberdéen écrit de son côté, dans les Transactions Philosophiques, que 15596 pieds Anglais, qui répondent à 1997 de nos toises, constituent la mesure exacte de ce Pic de Ténériffe.

Enfin le chevalier de Borda, excellent observateur, qui était aux Canaries en 1776, veut qu'on s'arrête à 1931 toises, quand on veut fixer la hauteur perpendiculaire de cette montagne de feu, au dessus des mers qui l'environnent.

Comme la nature du Pic de Ténériffe est d'avoir des éruptions, qui tantôt élèvent sa cime par l'accumulation des Laves, et tantôt l'abbaissent par le désordre des éboulements, on peut admettre, malgré la contradiction apparente, les trois calculs du chevalier de Borda, du docteur Heberdéen et de la Condamine : alors la moyenne proportionnelle entre 1951 et 2070, serait 2000 toises.

Si notre théorie n'a pas une base d'argile, comme la plupart des systèmes du monde, que nous tenons, ou des théologiens, ou des philosophes, il faut que nous trouvions dans le continent plus moderne et par conséquent moins dégradé de l'Europe, des montagnes plus hautes qu'en Asie et en Afrique.

Je ne parle point ici du Vésuve, montagne factice, ouvrage du feu, dont le bon père de la Torré, en 1750, estimait à peine la hauteur de 280 toises perpendiculaires, que l'abbé de Saint Non porte à 615, et l'ingénieux De Saussure à 650 ; ce pygmée volcanique n'est pas fait pour être mis en regard avec les colosses primordiaux du Pichinca et du Mont-Blanc.

L'Etna lui-même, quoique supérieur au Vésuve, est à peine, à cet égard, digne de nos pinceaux. Brydone, qui l'observa sans le mesurer, en 1770, lui donne vaguement deux mille toises de hauteur, et il se trompe; un grand physicien de Genève, qui l'a soumis trois ans après aux calculs du baromètre, ne lui en assigne que 1672 : ainsi quand on placerait le Vésuve sur l'Etna, ces deux Volcans réunis n'atteindraient pas encore à la hauteur de la branche-mère des Alpes.

Si des Volcans de l'Europe, on passe à ses montagnes secondaires, on voit s'accroitre les dégrès de l'échelle.

On avait cru jusqu'ici, sur la foi de l'astronome Cassini, qu'il n'existait dans les Pyrénées aucun Pic qui eut de hauteur verticale 1108 toises : mais un physicien plein de talents a mesuré en 1787 le mont Perdu, la cime la plus haute de la Chaîne calcaire du Marboré, et il l'a trouvé de 1763 toises, au dessus du niveau de la Méditerranée.

Une admiration mêlée de terreur redouble, quand on arrête sa vue sur le tableau de nos montagnes primordiales.

Je regrette qu'on n'ait pas mesuré avec le Quart de Cercle, ou avec le baromètre, le mont Tchalow dans la Moldavie, dont la région moyenne a une Zône de neiges qui ne fond jamais, et qu'on voit sans peine de 60 lieues.

Le Riesenkope est une des MONTAGNES DE GÉANTS, de la Silésie : il s'élève de 626 toises au dessus des autres éminences de la Chaine ; et on a pratiqué des dégrès, au nombre de près de douze milles, dans le rocher, pour atteindre des flancs à la cime : le géomètre Schilling, a, de nos jours, mesuré cette espèce de Caucase, et il lui a trouvé 365a de hauteur perpendiculaire : mais comme l'a très-bien observé le meilleur géographe de l'Allemagne, une si énorme élévation est impossible ; soit parce que la cime de la montagne n'est pas toute l'année entourée de neiges, soit parce qu'en

1668, on y construisit une petite Basilique, qui est encore desservie cinq fois par an par les ministres des autels. A une hauteur bien moins considérable, la Condamine, sous la Zône Torride, perdit par l'excès du froid son tact et ses oreilles.

Malgré la géométrie de Schilling, il est difficile de croire que le Riesenkope s'élève dans la région des nuages, à une hauteur de plus de deux milles toises.

C'est dans la Chaîne primordiale des Alpes Helvétiques, qu'il faut chercher la plus haute montagne de l'Europe, et peut-être de l'ancien hémisphère.

La géographie du siècle d'Auguste, que nous ne déprimons que parce qu'elle n'est pas la nôtre, avait la plus grande idée de l'élévation des Alpes, depuis que, malgré la nature et les hommes, une de ses Chaines moyennes avait été franchie par Annibal. Strabon, qui les compare avec toutes les éminences connues de la Thrace et du Péloponèse, dit que, s'il faut un jour à un voyageur courageux pour atteindre les cimes de ces dernières, il en faut cinq pour escalader celles des Alpes ; il ajoute que la distance de la base au sommet, en suivant les inflexions des terres, peut être évaluée à 1200 stades, ou cent cinquante mille toises, ce qui répond à un peu plus de 65 lieues astronomiques de 25 au dégré; et cette mesure peut se concilier avec la nôtre, sur-tout si l'on part des plaines de l'Italie, où est censé l'observateur, pour arriver aux colosses naturels du Screckorn, ou du Mont Blanc.

Une distance de 65 lieues, en suivant les sinuosités des défilés, et en escaladant une chaîne immense, afin d'arriver à la montagne mère, ne présente pas à l'esprit une idée assés précise, pour qu'il puisse comparer les grandes éminences du globe : on aurait désiré que l'antiquité eut calculé la hauteur perpendiculaire des Alpes, et il en aurait résulté, pour notre Physique moderne, la solution d'un grand problème sur l'architecture du globe.

Ce calcul est dans Pline et dans Strabon; mais observons d'abord que le premier ne parle que d'après une conjecture de Dicéarque, et que le texte du second ne se trouve que dans son abbréviateur; ensuite que tous les deux ne semblent qu'adopter une ancienne tradition; enfin que leur mesure est évidemment exagérée, vû la hauteur que devaient avoir les Alpes au siècle des Césars; et on en conclura aisément qu'ils ne sont que les interprètes des géographes du Monde Primitif.

« La conjecture de Dicéarque, (sur la
» hauteur relative des montagnes), dit
» l'historien de la nature, me paraît très-
» incertaine : car je n'ignore pas qu'il y
» a des pointes dans les Alpes, qui s'élè-
» vent à la hauteur de cinquante mille pas.

« On prétend, dit l'abbréviateur de Stra-

» bon, que le sommet des Alpes a cent
» stades de hauteur perpendiculaire.

Les cinquante mille pas de Pline, font 24814 toises, et les cent stades du second écrivain, douze mille cinq cent. Ces mesures, telles qu'elles sont présentées ici, sont évidemment exagérées. Il n'y a jamais eu, dans l'origine des ages, de monts primordiaux de cinq lieues de hauteur verticale, même en leur supposant un abbaissement gradué pendant cent mille ans; mais si en s'arrêtant au seul calcul de l'abbréviateur de Strabon, on considérait que le seul stade, qui a dû être la base de son évaluation, est l'ancien stade Grec de 51 toises, et non le Pythique beaucoup plus moderne, qui en a 125, on retrouverait la lumière dans cette nuit profonde de l'antique géographie.

Cent stades Grecs des premiers ages font 5100 toises, nombre qui, à 248 toises près, n'est que le double de celui que la physique la plus éclairée, admet aujourd'hui, dans l'évaluation de la hauteur du Mont-Blanc : or il ne me semble point étrange que, par la théorie des dégradations successives, cette grande clef du Système des Alpes se soit abbaissée de l'intervalle qui fait la différence des deux calculs, surtout si on admet des myriades de siècles entre les époques.

Un doute cependant me reste, et quoiqu'il soit de nature à échapper peut-être à mes lecteurs, ma franchise ne doit pas le dissimuler. Je dois doublement la vérité aux hommes, comme historien et comme philosophe.

Dans le premier age des Sociétés, lorsqu'il n'y avait point encore de continents sur le globe, et que tout y était Archipel, l'Océan baignait de ses vagues les flancs de la demeure très-circonscrite du genre humain : alors, si les montagnes étaient intrinsèquement plus hautes, elles ne devoient pas l'être relativement, parce que le niveau des mers s'élevait à proportion : parconséquent, supposé que les eaux eussent organisé un Pic des Pyrenées sur le Mont-Blanc, le philosophe primitif ne devait pas trouver cette étonnante sommité des Alpes plus haute que nous, puisque lui-même l'observait du haut des Pyrenées.

J'expose l'objection dans toute sa force, affin qu'on ne soupçonnne pas mon respect pour l'antiquité, de plier à son gré les vérités éternelles de la nature.

Mais ne serait-il pas possible que l'observation, citée par l'abbréviateur de Strabon, eut été faite à une époque très-postérieure : c'est-à-dire, lorsque l'ancien continent commençait à se dessiner à la surface des mers ? alors le mont Calcaire, superposé sur la cime du mont-Blanc, n'était pas encore descendu dans les vallées : il y avait des Pyrenées sur la tête de la montagne primordiale, et il ne s'en trouvait point sous les pieds de l'observateur.

Le Mont Blanc, à ce période, devait paraitre d'autant plus exhaussé, que la vallée qui servait de base aux opérations Trigonométriques, était plus profonde ; en effet les éminences du globe ne s'abaissent qu'en élevant les plaines qui entourent leurs racines. Sans accumuler sur ce sujet une foule de preuves, qui ne serviraient qu'à rompre l'unité de ce chapitre, je me contenterai de citer un trait frappant, consigné par le docteur Plott dans son HISTOIRE NATURELLE DE STAFFORD. On découvrit de son temps, à 18 pieds de profondeur, dans un vallon, un grand nombre de pièces de monnaye, frappées deux siècles auparavant sous le règne d'Édouard IV. Ce physicien en conclut avec raison, que le sol s'était élevé de 23 lignes par an, et assurément il ne s'était élevé que par l'abaissement de la montagne. Ce principe appliqué aux observations faites au pied des Alpes, à l'origine des monarchies du globe, donne la clef du problème.

Il y aurait encore une méthode, pour résoudre la difficulté qui nous occupe : c'est de supposer que l'écrivain primitif, de qui l'on tenait dans le siècle d'Auguste, l'évaluation de 5100 toises donnée à la hauteur du Mont-Blanc, était censé l'avoir mesuré, de sa base dans le sein des mers : si, comme de nos jours les Marsigli et les Dampier nous l'ont démontré, une montagne primordiale a la moitié de sa charpente cachée sous les eaux, le calcul de l'abbréviateur de Strabon se trouve de la plus grande justesse : on oterait, sur les 5100 toises, 248 pour la superposition de la montagne calcaire, et le reste partagé en deux donnerait précisément, pour la partie élevée au dessus des mers, 2406 toises, qui constituent, au moment ou j'écris, la hauteur du Mont Blanc.

Je me suis peut être trop étendu sur une question qui, malgré les recherches de l'érudition la plus profonde, ne sera jamais que dans le rang des conjectures heureuses.

Sortons maintenant de ce monde hypothétique, et tachons d'établir, d'une manière précise, le point fixe où les hautes sommités des Alpes se sont abbaissées, depuis que le mouvement de rotation du globe les a projettées, à l'époque du monde primitif.

On a cru long-temps que le Pic le plus élevé des Alpes, était celui de la Chaîne du canton de Berne, qu'on appelle le Screckorn : Busching lui donne quinze mille pieds de hauteur perpendiculaire, et le général Pfyffer 14400 : mais le géographe n'a travaillé que sur des mémoires infidelles, et l'homme de guerre qui a mesuré lui-même cette sommité, a dû l'exagérer, parce qu'il n'a pas tenu compte dans ses calculs des réfractions de l'atmosphère.

Le Screckorn est reconnu aujourd'hui de tous les physiciens qui ont parcouru la Suisse, comme très-inférieur au Mont Blanc.

Nous avons trois mesures du Mont Blanc, où on a combiné, de la manière la plus ingénieuse, les opérations de la Trigonométrie et celles du baromètre.

J. A. de Luc, qui a donné les bases de ses calculs, dans son excellent ouvrage sur les modifications de l'atmosphère, suppose de 239, toises et deux pieds, la hauteur perpendiculaire de cette étonnante sommité de l'Europe, au dessus du niveau de la Méditerranée.

Le chevalier Schurckborovg, plusieurs années après, en suivant la même méthode, a porté cette élévation à 2415.

Enfin les deux grands physiciens Pictet et De Saussures, à la suite d'un travail précieux sur ces mesures et de divers voyages au Mont Blanc, ont adopté la moyenne perpendiculaire

perpendiculaire de 2426 toises, qui diffère de trente-cinq, de la première observation, et de dix-neuf de la seconde : c'est cette évaluation de 2426 toises, qui fera la base de nos recherches ultérieures sur le Monde Primitif.

Nous ne connaissons aucune montagne, soit en Asie soit en Afrique, qui soit actuellement plus élevée que le Mont-Blanc, et ce fait découlait naturellement de nos principes : l'Europe, comme un monde plus recemment sorti des eaux, et par conséquent moins dégradé sur sa surface, devait, à l'époque où le Caucase et l'Atlas étaient en ruines, conserver la jeunesse de ses montagnes primordiales.

L'Amérique est infiniment plus neuve que l'Europe, et si notre théorie a quelque justesse, nous devons voir les Alpes elles-mêmes abbaisser leurs cimes superbes devant les Pics des Cordilières.

L'élévation singulière du sol sur lequel

sont situées les villes du Pérou, est déjà un grand préjugé en faveur de la hauteur de ses montagnes. Il est prouvé que ce sol est de seize à dix-sept cents toises plus élevé que le niveau de la mer du Sud : ainsi Quito a sa base à une hauteur plus grande que les sommets des Pyrenées.

Buffon qui n'est exact que dans les calculs qu'il fait lui-même, dit vaguement que la hauteur des Cordilières est de 3000 toises : cherchons des mesures plus exactes dans les mémoires de l'académie.

Quand Bouguer et la Condamine allèrent mesurer sous l'Équateur le globe que Maupertuis mesurait vers le Pôle, ils formèrent, dans les Cordilières, une suite de triangles, dans une longueur de près de deux cents mille toises, qui les mit à portée de mesurer géométriquement ceux de leurs sommets, qui se prolongeaient le plus hors de la région des nuages.

Le Pichinca leur parut élevé au dessus

de la mer du Sud, de 2534 toises, ce qui fait huit de plus que le Mont-Blanc : et ils virent des vautours qui se soutenaient encore à douze cents pieds au dessus de sa cime : ce qui prouve la fausseté de la théorie du grand Cassini, qui affirme qu'aucun être sensible ne saurait vivre à la hauteur de 2430 toises.

La Condamine donna un nouveau démenti à l'astronome de Louis Quatorze, en portant le baromettre au dessus du Pic de Coraçon, qui s'élève à 2476 toises, c'est-à-dire à trente de plus que le terme, où sa mort avait été prononcée.

Il existe dans cette même Chaîne un Pic infiniment supérieur encore au Pichinca et au Coraçon, c'est celui de Chimboraço : les académiciens de Paris lui donnent 3217 toises, au dessus du niveau des mers, et Dom Ulloa, plus hardi encore, veut qu'il ait 20208 pieds, mesure qui répond à 3368 toises.

Si le sçavant Espagnol n'en impose point à la crédulité de l'Europe, voilà donc une montagne primordiale du nouveau monde, qui l'emporte de 942 toises sur le Mont-Blanc, la plus haute sommité de notre hémisphère.

Je sens, qu'affin de ne rien laisser à désirer pour la justesse de notre théorie, il faudrait prouver que le continent Austral, plus neuf encore que celui de l'Amérique, a des montagnes supérieures au Chimboraço; mais comme nos navigateurs n'ont point encore pénétré dans l'intérieur de la nouvelle Hollande, de la nouvelle Guinée, et des deux Isles de la nouvelle Zélande; il est impossible de substituer à cet égard, des faits aux conjectures philosophiques: mais mon silence, preuve de ma franchise, ne jette pas le plus léger nuage sur ma doctrine.

D'ailleurs je pourrais, s'il le fallait, appeller en témoignage la hauteur des montagnes de cet Archipel Sandwich, où Cook paya de sa vie son excès de confiance dans les Sauvages qui l'avaient divinisé : cet Archipel, éloigné par un intervalle effroyable de mers, de tout continent, peut-être regardé comme un appendice des Terres Australes.

Or, on cite dans le voyage de ce grand navigateur, une montagne de Roa, qui a 16020 pieds, ou 2670 toises, une autre dans Owhyhée qui s'élève à 18,000 pieds, c'est-à-dire, à 3000 toises ; et on parle d'un Pic de Mowée, qu'on n'a pu mesurer, mais qui doit être plus considérable encore, puisqu'on l'apperçoit en mer de cinquante lieues.

Si les deux sommités de Roa et d'Owhyhée sont déjà supérieures au mont Blanc, il n'y a point d'audace à soupçonner qu'un jour on trouvera au centre de la nouvelle Hollande des hauteurs qui effaceront les Cordiljères.

DE LA DESTRUCTION

DES MONTAGNES.

Si quelque chose peut démontrer l'impéritie des géographes, qui tracent des cartes du globe, destinées à être éternelles, c'est assurément la dégradation successive des montagnes.

Puisque le globe que nous habitons, est composé d'une matière qui se modifie sans cesse, en s'éloignant de sa forme primitive, il ne faut pas plus s'étonner des vicissitudes des montagnes, que des révolutions des empires : le rocher qui porte Ecbatane n'a pas plus de droits que son trône à l'éternité : tout change, tout s'altère, tout se décompose dans le vaste sein de la nature, et il n'y a d'immuable que dieu et la vertu.

Mais avant d'exposer les faits qui s'entassent autour de cette grande base du Monde Primitif, il n'est point indifférent de les lier ensemble par quelques principes. Une érudition qui n'est qu'indigeste étonne quelquefois, mais n'éclaire jamais : si la science réunit l'auteur d'ANACHARSIS et celui de l'HISTOIRE DES HUNS, c'est la méthode qui les sépare.

Il y a d'abord dans les montagnes une cause essentielle de dégradation, c'est la pésanteur. Le rocher qui porte sur des couches hétérogènes, tend sans cesse à les affaisser : s'il a pour base des cavernes incendiées, il écarte, par succession de temps, les parois qui soutiennent les voutes et tombe avec elles dans l'abyme.

Nous avons vû que, vers l'origine des ages, l'Océan, en descendant de l'atmosphère, avait surpassé les cimes de toutes les montagnes primordiales, les seules qui existaient alors ; il ne tarda pas à les couvrir des détriments de végétaux et de coquillages, et cette enveloppe dut servir, pendant une longue série de siècles, à protéger la charpente même du rocher contre les influences de l'atmosphère.

Tous les physiciens qui connaissent la mer, tels que Donati et Marsigli, avouent que les montagnes se conservent beaucoup mieux dans son sein que dans la région des nuages : le fucus seul qui couvre les rochers baignés par les vagues, devient pour eux un bouclier d'airain, que les coups du temps ne peuvent altérer, tandis que les Pics décharnés, qui s'élèvent au niveau de la région de la foudre, décomposés par l'air, fendus par l'action des glaces, n'offrent aux yeux que des décombres, prêts à écraser leurs observateurs.

Et si l'on doutait que, dans l'origine, les monts primordiaux fussent enveloppés jusques dans leurs cimes, d'une ceinture de terre végétale, je prierais de jetter les yeux

sur cette Chaîne des Cordilières, contre laquelle s'appuye un monde sorti plus récemment du sein des mers : « il y a ap-
» parence, disent Bouguer et la Condamine,
» dans un mémoire de l'académie des
» sciences de 1744, que la terre couvrait
» le Pichinca tout entier dans les anciens
» âges : mais cette terre, soit qu'elle se soit
» écroulée peu à peu, soit que des trem-
» blements de terre en ayent accéléré
» l'éboulement, a laisser paraitre le rocher.

Quand une montagne n'a plus son enveloppe, qui lui sert de rempart contre les atteintes des élémens, le roc qui la couronne se gerce par le contact de l'air, s'ouvre, par la force expansive des glaçons qui se logent dans ses interstices, et quelquefois éclate par l'éruption des feux souterreins qui s'allument vers sa base. Quelles que soient les causes de sa dégradation, causes qui vont faire l'objet de nos recherches, elle en subit une d'autant plus violente, qu'elle s'éloigne plus de l'époque de son origine. Le Liban, l'Atlas, l'Ararat sont environnés de leurs propres ruines, et ce sont là les rides vénérables qui attestent leur vieillesse.

Les montagnes primordiales commencèrent à s'abaisser jusqu'à la roche-vive qui constituait leur massif, et cet abaissement devait être très considérable, à cause de la hauteur de la montagne calcaire superposée. Voilà pourquoi nous ne voyons peut-être aujourd'hui dominer sur le Pont-Euxin et la mer Caspienne, que les deux tiers de l'ancien Caucase.

Parmi ces éminences antiques, il en est dont la croupe immense ne se courbe que d'une manière insensible ; c'est ce qu'on nomme Plateaux. Si celui de la Tartarie n'offre point le spectacle de dégradation, qui vient de nous frapper parmi les grands Cônes, c'est que la cime d'une montagne qui a 800 lieues d'enceinte, présente une surface trop vaste, pour que le roc vif qui lui sert de noyau se découvre; à cet égard, la patrie d'un peuple que nous ne tarderons pas à voir parmi les instituteurs du genre-humain, est la seule où le temps destructeur n'ait point laissé l'empreinte de ses ravages.

Pour les montagnes primordiales, elles se sont toutes abbaissées, à raison de leur haute antiquité : ainsi le Mont-Blanc ne sçauroit tirer gloire de dominer sur les mers, encore plus que les montagnes de l'Asie et de l'Afrique : cela prouve seulement que les Alpes sont sorties du sein de l'Océan, une foule de siècles après l'Atlas ou le Caucase.

Par la même raison, la partie des Cordilières où la Condamine mesura le globe, ne doit point tirer avantage de sa prééminence sur le Mont-Blanc. Les Cordilières tiennent à un monde tout neuf, qui n'a pas encore eu le temps de se dégrader, comme les montagnes d'un age intermédiaire qui forment la charpente de l'Europe.

Descendons maintenant de ces considérations générales, et voyons en détail par quel méchanisme s'opère la destruction des montagnes.

La première cause touche à l'origine des temps, lorsque les matières métalliques sublimées par le plus actif des incendies, remplirent les fentes des montagnes primordiales : ces exhalaisons métalliques imprégnées d'acides et d'autres éléments corrosifs, ne tardèrent pas à détériorer les roches qu'elles pénétraient, et on s'on apperçoit assés dans les travaux de la moderne minéralogie ; quand on touche aux parois des fentes perpendiculaires qui renferment les plus riches filons, on trouve le Granit friable et la roche vive décomposée.

Une cause de dégradations infiniment plus récente, vient des eaux assemblées autour des cimes des montagnes par les nuages : ainsi le même élément qui organisa les montagnes secondaires, qui donna aux rochers primordiaux une enveloppe contre les atteintes du temps, est le principe de leur décadence.

Cette cause de dégénération ne dut pas exister, pendant que l'enveloppe calcaire des grandes masses de Granit se conservait dans toute son intégrité. A cette époque, quelle que fut la hauteur absolue de l'Atlas et du Caucase, comme l'Océan en battait encore les flancs, la cime des montagnes ne devait point atteindre à la région des nuages.

Il dut s'écouler un très-grand nombre de siècles, avant que la racine d'un rocher primordial se découvrit, et que sa tête perdît son enveloppe végétale : mais aussi ce temps de décadence une fois arrivé, l'abaissement de l'Océan mit tant d'intervalle entre les deux extrémités de la montagne, que les vapeurs de l'atmosphère ne s'élevèrent pas au dessus de son Pic décharné ; ce qui amena insensiblement sa destruction.

Les Pics de Granit et de roche vive, exposés alternativement à l'action du Soleil et des vapeurs, se gercent aisément et s'oblitèrent. Ce passage perpétuel du chaud au froid, et de la sécheresse à l'humidité, suffit pour en amollir la surface; l'eau qui pénètre entre les fentes, fait, surtout quand elle se gèle, l'office d'un coin, pour en écarter les parois. Alors ils s'entourent de décombres : et voilà comment une montagne, ainsi que l'homme qui l'observe, annonce, par le délabrement de sa tête, l'approche de sa décrépitude.

C'est à ces causes qu'on peut attribuer l'écroulement d'un grand rocher de Granit, situé dans les Alpes de la Suisse, vers le glacier du Talèfre : on l'a vû de nos jours se renverser sur lui-même, et produire à la lumière des blocs immenses de crystal de roche, renfermés dans ses interstices.

Les montagnes primordiales peu élevées, malgré l'épaisseur de la couche calcaire qui les entoure, n'échappent pas à la destruction, à cause des torrents descendus des hautes Chaînes qui les sillonnent, a de grandes profondeurs; je trouve à cet égard un texte précieux dans un des meilleurs minéralogistes des Pyrénées.

« L'enveloppe des masses de Granit, qui
» constituent la charpente de ces monta-
» gnes, ne cesse de diminuer depuis la retraite
» de la mer; les torrents qui forment de
» profondes cavités dans leur sein, entraî-
» nent les pierres calcaires et argilleuses,
» et dégagent peu à peu le Granit : ainsi
» cette roche, après une longue suite de
» siècles, se trouvera entièrement à dé-
» couvert, telle qu'elle était disposée, avant
» d'avoir servi de base à des matières de
» nouvelle formation.

Ces torrents font surtout les plus grands ravages dans les montagnes d'ardoises, qui se trouvant dans la région des orages : un de nos meilleurs physiciens a été témoin, en 1767, d'un pareil spectacle dans les Alpes. Le réservoir qui contenait les eaux du torrent s'étant rompu, il en sortit une espèce de lavange d'ardoises décomposées dont les vagues noires rendaient un bruit sourd et lugubre : quoique sa hauteur ne fut que celle d'une rivière de Laves, sa force expansive était telle, qu'elle roulait des troncs d'arbres, des blocs énormes de rochers, noyait les hommes sur son passage, et renversait les plus grands édifices.

Pour avoir une juste idée des scènes de destruction qui résultent des luttes entre les eaux et les rochers, il faut voir les empreintes du Rhône sur le sol calcaire qu'il a creusé, à l'endroit de sa perte et de sa renaissance.

On n'a pu apprécier la profondeur de l'abyme du Rhône, lorsqu'il s'engloutit : mais les parois du roc taillé à Pic, qu'il
s'est

s'est creusé, lorsqu'il réparait, ont dans quelques endroits, jusqu'à 150 pieds de hauteur : on m'a dit, en 1777, que les eaux de ce fleuve s'étaient élevées, cette même année, jusqu'à un demi pied au dessus du pont de Lucey, bâti sur les bords de son canal : et, en ne supposant que vingt-cinq pieds à la profondeur ordinaire du Rhône, hors de l'époque de ses débordements, la tradition, dont je suis l'interprète, suppose, en 1777, une profondeur totale de quatre-vingt pieds : on peut juger de la force de cette énorme colonne, surtout quand elle pousse devant elle les décombres de la montagne de Credo qu'elle détruit sans cesse. Le Granit n'est pas plus à l'épreuve de ses atteintes, que le marbre, ou l'argile.

C'est un fleuve, de la nature du Rhône, qui se précipite au travers d'une montagne située à l'ouest de l'Isle de Saint Domingue, et qui s'y est creusé un lit, malgré les rochers qui lui servaient de barrière : le fracas de sa chute est tel qu'on l'entend à cinq milles de distance.

Il ne faut encore attribuer qu'aux torrents, la destruction des petites montagnes secondaires de quelques provinces de la Suède. De Wismanstrond à Wibourg, on croirait, à la vue des cubes énormes de Spath semés çà et là, voir des édifices abandonnés ou des remparts en ruines : « il paraît, est-il dit à ce sujet dans les mémoires « de l'académie de Stockolm, que cette » contrée a été autrefois plus montagneuse. » Les terres entourées par les débris des » rochers sont horisontales, comme un » fond couvert par les eaux ; quelques-unes » unes même semblent encore de vastes » marécages : la masse fendue peu à peu » a donné passage aux vagues, et les rochers » se sont divisés, de sorte qu'après quel- » ques siècles, on n'y trouvera peut-être » aucun vestige de montagnes.

On peut juger de la manière violente et précipitée, dont agissent des eaux qui s'accumulent dans les fentes des rochers de seconde formation, par un spectacle étranger, que présente une montagne, assise sur la vallée de Louron, dans les Pyrénées. On avait voulu la percer dans sa moyenne région pour arriver aux forets de sapin d'un canton Espagnol, et on avait pratiqué à cet effet une galerie horisontale de 200 pieds de long sur trente de hauteur. Une voute large, taillée dans le roc, conduisait à l'ouverture et de là à une maison un peu plus élevée, qui servait d'azile aux architectes. Ce grand ouvrage, commencé d'après des spéculations insidieuses, fut abandonné vers 1770, et déjà vers 1787, un de nos bons physiciens appercevait la dégradation que les eaux avaient faite à ce monument: le chemin n'existait plus et un escarpement presque vertical avait pris sa place: la maison des architectes restait suspendue sur une corniche, et il était impossible de l'atteindre; « c'est ainsi, dit l'historien, que l'eau » filtrée entre les couches du schiste, glacée » dans ses interstices, et les écartant avec » effort, secondée par le poids des neiges » et leurs éboulements, a détruit en quinze » ou vingt ans une masse de rochers de » plus de cent pieds de haut, sur douze au » moins de diamètre.

Des vestiges non moins étranges des ravages des eaux dans le sein des montagnes, se trouvent près de Kungur dans la Chaîne Ouralienne. Les académiciens Russes y ont trouvé une foule de grottes qui se communiquent, dont plusieurs ont de longueur quatre vingt-dix pas. On y rencontre à chaque instant des preuves de l'affaissement de la montagne, dans les amas de terre végétale et dans l'éboulement des rochers qui obstruent presque partout les passages. Outre les stalactites et les murs de glaces qui revêtent les galeries, on voit le travail des eaux dans deux galeries verticales, prolongées jusqu'à la cime du mont, par où elles filtrent dans l'intérieur de la grotte. Après de longues courses dans ce labyrinthe souterrein, on arrive à une salle de cent pieds de long sur cinquante de large, chargée de débris, et dont un des murs est percé par un tuyau circulaire, qui pénètre à environ cent toises dans le rocher : le fluide qui suinte par ce tuyau, a rendu molles et poreuses les pierres du bassin. La salle communique, par une galerie horisontale, à une autre, qui a 170 pieds de long sur 50 dans sa plus petite dimension. Les habitans de Kungur, assurèrent les académiciens, qu'autrefois on allait beaucoup plus loin dans ce dédale de cavernes, et que la totalité de leur étendue allait jusqu'à dix Wersts, (5470 toises) : mais un grand nombre sont tombées, et celles qui sont encore sur pied, auront leur tour, jusqu'à ce que la montagne entière, n'ayant plus d'appui, s'écroule sur elle-même, et atteste par sa chute, la vieillesse du globe.

L'effet des eaux sur les roches secondaires, est tel qu'elles éclatent comme frappées par les foudres électriques. L'Europe a été instruite d'un événement désastreux de ce genre, arrivé le 13 novembre 1789, à la montagne de Vallach dans la Carniole : elle se fendit en deux, après une pluye d'orage continuée plusieurs jours, et une partie de cette masse énorme s'écroula dans la vallée, où elle écrasa vingt-huit maisons. Les infortunés qui les habitaient, moururent victimes d'une sécurité, dont on ne pouvait leur faire un reproche : car comment prévoir la chute d'une montagne ?

Quand les montagnes sont sur le bord de la mer, il lui arrive de temps en temps de les miner par la base : alors, dès que le dernier appui s'écroule, elle les engloutit toutes entières dans ses abymes.

Le géographe-roy Abulfeda, parle de trois

montagnes de l'Asie, qui dominaient autrefois sur l'embouchure du golfe de Perse. La mer qui baignait leurs racines les fit écrouler dans son sein, et on ne voit plus aujourd'hui que leurs sommets s'élever sur la surface du golfe.

« La principale élévation de la mer Adria-
» tique, dit le célèbre Donati, vient des
» décombres des montagnes : car celles
» qui se trouvent au bord du golfe, sont
» rongées par les flots, et tombent dans
» la mer par gros quartiéro.

Les eaux ont infiniment plus de prise encore sur les rochers, soit primitifs, soit secondaires, quand elles se changent en neiges et en glaces : et ce changement a toujours lieu, toutes les fois que les Pics s'élèvent au dessus de la région des nuages.

La neige accumulée, enlève peu à peu la couche de terre végétale qui sert d'enveloppe à une montagne, et en fait un squélete décharné, dont toute la charpente osseuse se décompose. Pallas s'en est aperçu dans une Chaîne Granitique de la Sibérie, qui s'étend depuis les frontières Mongoles, jusqu'à l'Océan Oriental. D'autres naturalistes Russes, ont fait la même observation sur des Pics des environs de la Daurie, dont les flancs semblent ensevelis sous des masses de neiges qui ne fondent jamais. Il n'y a rien de si étrange que l'organisation de ces Pics; ce ne sont, disent-ils, que d'énormes blocs de roche grise, amoncelés les uns sur les autres, jusqu'aux nues, et qui tombent en efflorescence. Les Tunguses regardent cette Chaîne comme le séjour du génie du mal, s'étonnent quand ils voyent un Européen l'escalader, et à son retour font son apothéose.

Les glaces frappent une montagne de stérilité comme la neige. On m'a montré en 1777, dans les Alpes Helvétiques, des terreins qui, une fois envahis par elles, se sont décharnés jusqu'à la roche vive, au point d'être perdus à jamais pour le propriétaire et pour la nature.

Pour bien entendre cette espèce de dégradation, que subissent les montagnes, sur-tout quand leurs cimes sont dans une région très élevée, il faut voir les magnifiques glaciers de la Suisse, qui nous ont valu depuis un demi siècle, tant de tableaux pittoresques, de romans philosophiques et de paradoxes.

On assure que ces glaciers réunis, forment un espace de 66 lieues d'Orient en Occident, depuis les bornes Occidentales du canton de Vallis vers la Savoye, jusqu'aux bornes Orientales du canton de Bendner vers le Tirol. Il y a des endroits, où les glaces y sont entassées jusqu'à la profondeur de 600 pieds. Le sol qui les porte est plus ou moins incliné, et à cause du poids et de la pression des blocs qui les précèdent, elles présentent de tout côté des espèces de sites romantiques, telles que des tours, des colonnes tronquées et des obélisques.

Il n'est pas rare de voir dans les vallées, dont cette nature expirante a fait la conquête, des éminences dont une roche-vive est le noyau, et qui au lieu d'une terre végétative, ont de la neige congelée pour enveloppe : on y rencontre jusqu'à des montagnes entièrement de glace qui se prolongent par Chaines, l'espace de six à sept lieues, et s'élèvent jusqu'à sept mille deux cent pieds de hauteur. Ces glaces une fois parvenues à une région de quinze cents toises au dessus du niveau de la mer, ne fondent jamais : tandis que le terme de cette congélation éternelle, a été fixée à 2440 toises par la Condamine, pour les montagnes isolées, qui sont placées sous l'Équateur.

Quelqu'énorme que soit déjà un pareil foyer de frimats, il tend sans cesse à prolonger autour de lui, la ligne qui sépare le domaine de la végétation du champ de la solitude et du néant. Les pasteurs, qui vivent aux limites de cette espèce de Zône glaciale, les voyageurs philosophes qui ont l'audace de la parcourir, se réunissent tous à croire qu'elle s'accroît tous les jours, jusqu'à ce qu'elle ait envahi les Alpes entières, et amené ainsi le Cercle Polaire à vingt dégrés du Tropique.

Il n'y a rien de si destructeur pour les montagnes que cette propagation des glaciers : toutes celles qui se trouvent dans le cercle de leurs conquêtes sont dévouées à une dégradation, qui tient de près à l'anéantissement : d'antiques forêts qui ombrageaient leurs cimes se renversent; les moissons qui couvraient leurs flancs, disparaissent avec la terre où leur germe se développait : le berger tristement assis, dans la plaine où repose leur base, cherche, sur le sol même où sont épars les débris de sa chaumière, les paturages fortunés où il engraissait ses troupeaux : un monde nouveau a pris à ses yeux la place de l'ancien, et ce monde est celui où règne le silence et la mort.

Les glaciers, en séjournant sur les roches qu'elles ont dépouillées, les corrodent, en ébranlent d'énormes blocs, et finissent par les renverser de dessus leur base.

Ces glaciers ont, comme tout l'indique, un mouvement progressif, sur-tout quand ils sont sur les flancs d'une montagne, parce qu'alors ils glissent sur un plan incliné, pour atteindre les vallées qu'ils comblent. Pendant cette marche, ils entrainent les rochers mêmes qu'ils ont déplacés, et les portent, entourés de leurs propres ruines, à des intervalles immenses. Écoutons sur ce sujet un voyageur philosophe:

« Au mois de Juillet 1761, je passais
» avec mon guide sous un glacier très-
« élevé: j'observais un bloc de Granit de
» forme à peu près cubique, et de plus de
« 40 pieds en tout sens, assis sur des

» débris au pied du glacier, et déposé dans
» cet endroit par ce même glacier : hâ-
» tons-nous, me dit mon guide, parce que
» les glaces qui s'appuyent contre ce ro-
» cher pourraient bien le faire rouler sur
» nous. A peine l'avions-nous dépassé, qu'il
» commença à s'ébranler : il glissa d'abord
» assés lentement sur les débris qui lui ser-
» vaient de base : puis il s'abbattit sur sa
» face antérieure, puis sur une autre :
» peu à peu il se mit à rouler, et la pente
» devenant plus rapide, il commença à
» faire des bonds, d'abord petits et bientôt
» immenses : on voyait, à chacun d'eux,
» jaillir des éclats, et du bloc même, et des
» rochers sur lesquels il tombait : ces éclats
» roulaient après lui sur la pente de la mon-
» tagne ; et il se forma ainsi un torrent de
» rochers grands et petits qui allèrent fra-
» casser la tête d'une forest, dans laquelle
» ils s'arrêtèrent, après avoir fait en peu de
» moments, un chemin de près d'une

» demi-lieue avec beaucoup de fracas et
» de ravages.

C'est des glaciers, que partent souvent les fameuses lavanges, qui sont l'effroi des voyageurs. Le 19 mars 1757, il s'en détacha une, de la Chaine qui sépare du Piémont le Comté de Nice et le Dauphiné : elle emporta, dans son cours impétueux, une cabane où étaient une mère, sa sœur et deux enfants : l'un de ces derniers périt, le sixième jour ; les autres infortunés vécurent de lait de chèvre et de l'eau de neige, qu'il faisaient fondre avec la main : enfin trente-sept jours après avoir été ensevelis vivants dans cet étrange tombeau, ils en sortirent. La lavange qui les avait enveloppés, avec leur demeure, avait 400 pieds de long, 94 de large, et 66 d'élévation. On peut juger des traces de dévastation que laisse sur sa route une pareille montagne, roulant par bonds sur une autre, et entraînant avec soi les arbres, les rochers et les édifices.

Les glaciers ne sont que d'une origine récente : on sent en effet que dans les premiers ages, lorsque les vagues de l'Océan battaient la croupe des montagnes, il y avait trop peu d'intervalle entre le niveau des mers et les Pics les plus élevés, pour que ceux-ci pussent atteindre à la région des frimats : mais il existait toujours, dans un temps antérieur, des causes de dégénération pour les montagnes : telles que la décomposition des substances qui constituaient leur masse, produite par leur contact avec des élémens corrosifs, l'action des foudres électriques, les commotions causées par les feux des Volcans, l'affaissement des cavernes. En général les éminences du globe ont toujours subi plus de vicissitudes que l'humble vallon qui les environne. Le temps qui effleure les plaines foule de ses pieds d'airain le sol des montagnes : il semble nous consoler de notre existence éphémère, en écrasant à nos yeux ces masses énormes, que le peuple croit contemporaines de l'éternité.

Les ravages du feu sont empreints d'une manière encore plus inéffaçable sur les montagnes, que ceux dont les eaux sont le principe.

C'est d'abord un phénomène bien étrange, qu'il y ait des espèces de sols, parmi les éminences de l'ancien continent, dont la nature soit tellement inflammable, que l'incendie les dévore lentement, jusqu'à ce qu'il atteigne des rochers réfractaires. Cette espèce de prodige pour nos yeux peu agguerris, se rencontre parmi les montagnes de la Perse, et c'est Gmelin, un des meilleurs naturalistes du siècle, qui s'en est fait l'historien.

Ce mont Kargusch, qu'appellent nos pinceaux, est baigné par la Jurjuse, et couronné de bois, dans les parties que l'incendie n'a pas encore atteintes; des trois Zônes de terrein que la flamme dévore, celle

celle de l'Ouest, à l'époque du voyage de l'observateur, brûlait seulement depuis trois ans et avec assés peu d'activité : pour celle du Midi, où le feu se propageait depuis douze ans, elle était totalement calcinée. On voyait le rocher à nud dans une aire Elliptique, dont le petit diamètre avait 420 pieds et le grand plus de 600. Les Indigènes prétendent, que l'origine de l'incendie est un coup de foudre, qui atteignit un énorme Sapin de la Zône Méridionale, et le brula jusques dans ses racines. Depuis ce moment, la flamme se communiqua aux terres circonvoisines, et les consuma intérieurement en montant, depuis la base du rocher jusqu'à sa cime.

Pallas était du voyage de Gmelin : il fit fouiller dans une des sections du mont incendié, autant que la chaleur active du foyer pouvait le permettre, et il observa que la roche calcinée était d'une nature calcaire : que le sol, qui avait le plus éprouvé l'activité de l'élément destructeur, était plein de crevasses et de décombres, et qu'il s'exhalait de divers points de sa surface, une vapeur subtile et ardente, que les ténèbres de la nuit faisaient prendre pour des jets de feu. Il n'existe d'ailleurs aucun vestige ni de charbons fossiles, ni de souffre, dans toute la circonférence de la montagne : phénomène unique jusqu'ici, et qui confond les idées reçues par le vulgaire des naturalistes.

Le feu Volcanique, non content de détruire lentement l'organisation extérieure des montagnes, comme nous venons de le voir dans le Kargusch, les ébranle quelquefois avec violence jusques dans leur base, par l'action des tremblements de terre : alors l'effet est en proportion avec la grandeur de la cause.

L'antiquité a cru que l'Ossa avait été séparé de l'Olympe, par une de ces commotions terribles : le Pénée, captivé long-temps, s'ouvrit alors un passage, et vint vivifier les plaines de la Thessalie.

Quelques Pics du Caucase, du Taurus, et de l'Ararat, sont entourés de ruines. Le feu Volcanique qui n'a pu se faire jour au travers de ces masses primordiales, a du moins secoué leurs cimes : on y voit des blocs suspendus, qui ne tiennent à la plus faible des bases, que pour attester les efforts qu'à faits ce feu interne pour les en arracher.

L'an 867 de notre Ere, une montagne d'Acraus en Syrie, ébranlée par un tremblement de terre, s'abyma dans la mer, laissant après elle une fumée blanchâtre et fétide, qui infesta longtemps l'atmosphère.

En 1486, une éminence de l'Isle de Java, qui jusqu'alors n'avait manifesté aucune trace de Volcanisme, fut mise en pièces par l'effort d'une explosion souterraine, et ensevelit dix mille hommes sous ses décombres : le même désastre est arrivé dans la même Isle, en 1772 : une montage d'environ trois lieues de circonférence, située dans le territoire Hollandais, secouée jusques dans ses racines par une commotion du globe, parut s'enfoncer dans la terre et se relever tour à tour, comme les vagues d'une mer en courroux ; ensuite elle s'abîma tout-à-fait, laissant échapper une quantité prodigieuse de globes de feu, qui le disputaient en éclat à la lumière du Soleil : ce phénomène terrible coûta la vie à plus de deux mille hommes.

L'Afrique, à en croire un voyageur physicien, offre aussi, sur quelques points de sa surface, des traces des commotions qu'ont éprouvées ses montagnes, dans les convulsions du globe.

L'ingénieux le Vaillant, qui a eu le courage de rendre à l'espèce humaine, le peuple avili des Hottentots, nous a fait connaître le mont de la Table, au Cap de Bonne-Espérance, de manière à nous faire lire sur ses flancs dégradés, l'histoire de ses anciennes révolutions.

Le pied de cette montagne, dont la base est un Granit pur, mais qui ne s'élève qu'à 5600 pieds au dessus du niveau de la mer, outre les éclats de rochers qui obstruent ses flancs, a sur sa cime une plateforme étendue, hérissée de blocs amoncelés, qui ont l'air des ruines du Monde Primitif. Cette montagne est liée par sa partie inférieure avec celle du Diable : mais il est impossible d'arriver de l'une à l'autre, à cause des énormes décombres qui sont dans l'espace intermédiaire. Notre philosophe est persuadé que les deux Pics tenaient ensemble dans un age antérieur, mais que des tremblements de terre, d'une grande violence, les ont séparés.

Les montagnes de l'Europe tiennent, ainsi que celles de l'Afrique et de l'Asie, au théâtre terrible des révolutions du globe.

En 1726, un énorme rocher du Nord de

l'Islande, s'enfonça dans une nuit et un lac profond prit sa place.

En 1755, le promontoire Hammers-fiebl, en Norwege, s'écroula aussi tout entier dans l'Océan.

A une époque bien antérieure, en 1218, les mémoires du temps nous effrayèrent du récit de l'affaissement d'une montagne de Franche-Comté, qui engloutit en s'abymant, cinq mille hommes.

La même catastrophe arriva en 1660, à une de nos montagnes isolées du Bigorre : un lac immense s'éleva sur l'abyme, et parut le remplacer.

L'année de la fameuse apparition de la Comète de 1680, plusieurs hauteurs considérables s'affaissèrent en Espagne : et le sol, en s'enfonçant, vomit de son sein des torrents d'eau, qui allèrent au loin inonder les campagnes.

Toutes ces catastrophes furent dues au feu Volcanique qui, ne pouvant s'exhaler, secoua notre continent dans toutes les directions.

Les montagnes secondaires adossées, au Granit primordial des Alpes, furent, à diverses époques, enveloppées dans les mêmes ruines.

Dès 563, il y eut une grande montagne qui s'écroula dans le Valais : la chute d'une autre en 1584, engloutit les villages d'Yvorne et de Corbeiry : un rocher d'une hauteur considérable, tomba en 1594, dans le canton de Glaris, et trois ans après, un désastre pareil entraîna la ruine de du bourg de Simpila ; enfin en 1617, deux montagnes qui se déracinèrent, couvrirent de leurs débris la ville de Chiavelle dans la Valteline.

Une grande partie des montagnes Helvétiques, du côté de la source du Rhône, et surtout celles de Magian dans le bas Valais, ne présentent que des rochers amoncelés, image de la destruction, qui a précédé l'histoire de leurs habitants et qui doit la suivre : j'ai cru en les gravissant, voir la nature dans toute sa décrépitude. Le feu Volcanique semble avoir son foyer à leur base : il bouleverse toute cette Chaine secondaire, tandis que les glaces, d'un autre côté, tendent à mettre à nud le squelette de la Chaine primordiale.

On trouverait, en compulsant les voyageurs, un grand nombre de faits de ce genre, dans l'histoire des révolutions physiques du nouveau monde ; mais il suffit ici d'indiquer, d'après le philosophe la Condamine, l'affaissement subit et entier d'un Pic très-élevé, presqu'adjacent au Chimboraço, une des tiges de la Chaine des Cordilières.

Ainsi, sur toute la surface du globe, le feu Volcanique se joue des montagnes secondaires : il les élève sur la surface des mers, et les abbaisse, ou les fait disparaitre, dans la terre ferme.

Il est une autre cause non moins active de destruction, soit pour les Pics Granitiques, soit pour les éminences calcaires, dans l'éboulement des cavernes qui leur servent de base : et c'est ici surtout que l'imagination de l'homme est écrasée par les opérations invisibles de la nature : en effet, quand la terre tremble, quand des Cratères s'ouvrent, on voit l'agent destructeur qui s'entoure de ruines : mais la dégradation d'une caverne se fait en silence : rien n'annonce, ni sur le sol qu'on foule aux pieds, ni dans l'air qu'on respire, l'approche d'un désastre ; tout d'un coup la montagne s'entrouvre, l'observateur se retourne et déjà elle n'est plus.

Les physiciens ne peuvent faire un pas dans les grandes Chaînes de notre continent, sans voir les effets, tantôt lents, tantôt précipités, mais toujours terribles, de la chute des cavernes.

On sent assez qu'il ne s'agit pas ici des cavernes factices, creusées dans l'intérieur des mines pour les exploiter, quoiqu'elles amènent quelquefois le renversement des montagnes, comme il arriva en 1587, au mont Kopparberg en Suède ; on ne doit parler ici que des effets physiques de la gravitation, amenés en silence, sur un théâtre inaccessible à l'homme, et qui n'est connu que de la nature.

Un académicien de Pétersbourg, qui parcourait en 1781, les monts Altaïce, vit sur un de ses Pics, un rocher cubique de douze pieds sur chaque face, qui lui parut en ce genre un monument muet mais éloquent, de l'affaissement des cavités internes du globe : rien ne surmontait ce bloc : cependant on remarquait sur un de ses parois, une excavation de deux pieds de large sur dix-huit pouces de profondeur, qui commençait, à un pied de distance de la partie supérieure, et s'étendait jusqu'à l'extrémité d'en bas, en s'élargissant par dégrés. La forme de ce canal et son extrême poli, démontrait qu'il était l'ouvrage des eaux ; il faut donc supposer une époque antérieure, où le rocher était surmonté d'un grand nombre d'autres, taillés en forme de réservoirs, d'où s'échappaient les vapeurs condensées de l'atmosphère : l'affaissement d'une caverne a changé, il y a un grand nombre de siècles, la face de ce Pic, les rochers supérieurs se sont écroulés, et la source a tari.

Le même voyageur pouvait faire une observation pareille, sur un autre rameau de cette Chaîne de Sibérie, quand il vit sa marche arrêtée par une quantité prodigieuse de débris de rochers, dont la plupart étaient coupés à Pic, et représentaient, à un certain éloignement, des remparts, des tours, des portions d'aqueducs : effroyable amas de ruines, propre à faire douter à un être sensible, qui se réveillerait tout à coup au sein de ce désert, s'il n'a pas survécu aux funérailles du monde.

Ces jeux terribles de la nature avaient

déjà frappé les naturalistes, qui parcouraient le cercle de Konigingratz en Bohême : ils ne pouvaient se lasser de voir les tours quarrées d'Adorsbach, isolées comme les colonnes d'un temple, et dont quelques-unes, quoique d'un seul bloc, s'élevaient jusqu'à 200 pieds. Le nombre en est si grand, qu'il faut faire plus de deux mille pas, pour atteindre à l'extrémité de ce pérystile gigantesque : on ne peut douter que de pareils débris ne soyent les restes d'une montagne, dont une caverne affaissée a fait écrouler tout l'espace intermédiaire. C'est la seule manière d'expliquer un bouleversement, qui n'est pas évidemment l'effet d'une longue infiltration des eaux ou de l'explosion d'un incendie Volcanique.

Il est probable que le sort de la montagne d'Adorsbach, est réservé à celle de la partie Occidentale de Saint-Domingue, qu'on nous représente comme toute creuse dans son intérieur, et renfermant de vastes cavernes, dans lesquelles des fleuves entiers se précipitent.

Quelquefois une voute de cavernes, en s'écroulant, ne fait qu'incliner le sol qui repose sur elle : voilà pourquoi on trouve quelquefois, dans les Pyrenées, des couches de terre autrefois horisontales, qui sont inclinées de plus de 45 dégrès. Il est évident que la masse de cette partie de la montagne, a penché en bloc, et s'est assise dans cette pente, au moment de l'affaissement. Cette chute de cavernes explique, de la manière la moins systématique, le grand principe de l'inclinaison des couches de montagnes.

Ce principe donne aussi la clef d'un phénomène, arrivé en 1757 au village de Guer en Dauphiné, sur la route de Briançon. Il y avait un terrein assés considérable, posé sur un roc uni, et incliné à l'horison d'environ quarante dégrés : tout à coup une caverne s'écroula ; le sol qui portait le village se fendit, et le terrein adossé au roc, glissa, et descendit vers le Drac, qui en est éloigné d'un tiers de lieue.

C'est au village de Pardines près d'Issoire en Auvergne, que nos pères ont vû un des exemples les plus terribles de dévastation, que l'éboulement des cavernes cause dans les montagnes.

Il y avait déjà plusieurs années que la terre s'entrouvrait de temps à autre, mais sans causer de dégats particuliers : enfin le 24 et le 25 juin 1733, une partie de la montagne se sépara de l'autre ; quelques maisons, ainsi que les rochers qui les portaient, s'engloutirent dans un abyme : et le terrein des environs n'étant plus soutenu, il se détacha une portion de colline de plus de 1800 pieds de long sur 1200 de large, qui alla descendre sur une prairie assés éloignée, avec ses arbres et ses édifices : le lendemain, il s'écroula un autre quartier de la montagne, qui tombant, avec un horrtie fracas, sur les premiers rochers, renversa, par la simple commotion, une foule de maisons : si les rochers n'avaient servi de barrière, le village entier était anéanti.

La France n'est pas la seule contrée de l'Europe, dont le sol porte à une grande profondeur l'empreinte de la chute de ses montagnes.

Un académicien de Pétersbourg a fait la même remarque dans la Chaîne de l'Altaïce: il suppose que les immenses déserts de sables de la Sibérie, sont les restes des montagnes de Granit, qui se sont écroulées, et qu'une longue série de siècles a réduites en poussière.

Le désastre du Mont-Passy, dans les mers de l'Italie, dont on nous transmet le récit, l'année même où cet ouvrage est imprimé, forme encore un chapitre qui n'est pas dénué d'intérêt, dans l'histoire des cavernes écroulées de l'Europe.

Ce mont couvrait, du côté de l'Est, le

fameux écueil de Scylla. Au commencement d'avril 1790, il se fendit avec un horrible fracas et tomba dans la mer : la secousse que cette chute causa dans le détroit fut si violente, que les vagues remontèrent jusqu'à une hauteur prodigieuse, à la pointe du Phare en Sicile, qui est éloignée de Scylla de deux lieues. Cet évènement terrible ne fut accompagné d'aucun tremblement de terre, et les physiciens de la Calabre s'accordent à penser que le Mont-Passy étant plein de crevasses et de cavités, la mer, après en avoir miné lentement la base, lui a fait perdre son équilibre, ce qui a entrainé son éboulement.

De toutes les contrées de l'Europe, c'est la Suisse, qui se trouvant la plus surchargée de montagnes, soit secondaires, soit primordiales, a dû aussi y voir se multiplier plus de scènes de destruction.

Nous avons vû, quelques pages auparavant, quelques chutes de monts secondaires
dans

dans cette enceinte des Alpes, qu'une physique circonspecte peut attribuer au feu Volcanique; voici d'autres catastrophes, sur la même scène, qui n'ont probablement été amenées que par l'écroulement des cavernes.

En 1618, la montagne de Conto, dans le comté de Chiavenne, s'abîma tout à coup, sans éruption de feu Volcanique. la ville de Pleurs lui était adossée : comme le désastre arriva la nuit, tous les habitants y périrent, au nombre de douze cents, et le gouffre en engloutit jusqu'aux édifices. Un lac a pris la place de cette ville infortunée, comme si la nature avait voulu par là défendre à l'homme de se choisir, sur ce sol mobile, une nouvelle patrie.

On nous a conservé aussi le récit de la chute du mont Diableret, en 1714. C'était un Cône très élevé du haut Valais; un jour où l'air était calme, le ciel pur, et la terre embellie des trésors de la végétation, tout à coup il s'écroula, renversant cinquante-cinq cabanes de paysans et couvrant une lieue qu'arrée de ses décombres. Les rochers, en tombant, détruisirent des forêts qui servaient de rempart au pays contre l'invasion terrible des Lavanges, de sorte que, depuis cette époque, cette région fortunée semble un second désert de Zaara ou du Biledulgérid. L'historien de l'académie, qui nous a transmis ce fait mémorable, a bien soin d'observer qu'il n'y a dans ce sol affaissé aucun indice de matières bitumineuses, de souffre, et de tout ce qui peut servir d'aliment à un incendie souterrein : il présume que les fondemens de la montagne s'étant détériorés, ils furent réduits en poussière.

Quelque riche que soit la physique Helvétique en traits de ce genre, pour ne point faire un volume d'une épisode du Monde Primitif, je me bornerai maintenant au récit de l'éboulement d'un Pic de Passy, près le Mont Blanc, qu'il ne faut pas confondre avec la montagne du même nom, sur laquelle le rocher de Scylla était adossé. Je terminerai par là le tableau des antiques montagnes, que les siècles, entassés sur leur tête superbe, à force de dégrader, ont enfin anéanties.

Ce Mont-Passy s'écroula, il y a environ trente ans, avec un tel fracas qu'on crut l'axe du globe dérangé. La cour de Turin, persuadée que c'était un nouveau Volcan qui se formait dans les Alpes, y envoya à l'instant le célèbre naturaliste Donati, pour vérifier son éruption. Celui-ci arriva, avant que les rochers eussent achevé de s'ébouler: et voici comment il s'exprime dans la lettre Italienne, où il fait part à un physicien de Genève de cet étrange évènement.

« . . . J'ai fait dans les Alpes un tour
» d'environ 250 lieues, pour observer, sui-
» vant l'ordre du roi de Sardaigne, le pré-
» tendu Volcan. . . . Après avoir marché
» quatre jours et deux nuits sans m'arrêter,

» je me trouvai en face d'une montagne,
» toute environnée de fumée, de laquelle
» se détachaient continuellement, de jour et
» de nuit, de grands blocs de rochers, avec
» un bruit parfaitement semblable à celui
» du tonnerre. Les habitans s'étaient tous
» retirés du voisinage, et n'osaient envisager
» ces éboulements, que de la distance de
» deux milles. Toutes les montagnes voi-
» sines étaient couvertes d'une poussière
» très ressemblante à de la cendre, et plu-
» sieurs tourbillons de cette poussière
» avaient été enlevés par les vents, à la
» distance de cinq lieues. J'examinai cette
» cendre, et je n'y trouvai qu'un composé
» de fragmens de marbre pilé; j'observai
» attentivement la fumée, et je ne vis point
» de flammes; je ne sentis aucune odeur
» de soufre; les fonds des courans et les
» fontaines ne me présentèrent absolument
» aucun indice de manière sulphureuse.
» Persuadé, d'après ces recherches, qu'il

» n'y avait là aucune Solfatare enflammée,
» j'entrai dans la fumée, et quoique seul
» et sans escorte, je me transportai sur le
» bord de l'abyme; je vis là une grande roche
» qui se précipitait dans cet abyme, et j'ob-
» servai que la fumée n'était autre chose
» qu'une poussière, élevée par la chûte des
» rochers.

» D'après ce fait, je tachai de découvrir
» la cause de ces éboulements. Je vis qu'une
» grande partie de la montagne, située au-
» dessous de celle qui s'affaissait, était com-
» posée de pierres et de terres, non pas
» disposées en carrière ou par lits, mais
» confusément entassées. Je reconnus par
» là, qu'il s'était déjà fait dans la même
» montagne de semblables éboulemens, à
» la suite desquels le rocher de 1751, était
» demeuré sans appui et avec un surplomb
» immense. Ce rocher était composé de
» bancs horisontaux, dont les deux infé-
» rieurs étaient d'une ardoise fragile. Les

» deux bancs au-dessus étaient d'une sorte
» de marbre rempli de fentes transversales
» à ses couches. Le cinquième était tout
» composé d'ardoises à feuillets verticaux
» entièrement désunis, et ce plan formait
» tout le plan supérieur de la montagne
» éboulée. Sur le même plan, il se trouvait
» trois lacs, dont les eaux pénétraient con-
» tinuellement par les fentes des couches,
» les séparaient et décomposaient leurs sup-
» ports. La neige qui, en 1751, tomba dans
» la Suisse et dans la Savoye, avec une
» abondance dont la mémoire ne s'effacera
» jamais, ayant augmenté l'effort, toutes
» ces eaux réunies produisirent la chûte
» de trois millions de toises cubes de ro-
» chers; volume qui seul suffirait pour
» former une grande montagne... Je prédis,
» au reste, que cet éboulement cesserait
» bientôt, comme il arriva en effet, et ce
» fut ainsi que j'anéantis ce Volcan ».

Malheureusement, dans les ages antésieurs, la plupart de ces grandes révolutions du globe ne s'opéraient que par la destruction de la génération d'hommes qui était à portée d'en perpétuer la mémoire; voilà pourquoi nous ne pouvons pas constater la chûte d'une antique montagne, comme l'incendie de Persépolis ou du temple d'Éphèse; mais le fil de l'analogie suffit alors pour nous guider; nous lisons sur les ruines du mont de Passy les catastrophes antiques du Caucase, et Donati supplée, pour les détails, au silence de Polybe et de Diodore.

Il suit de ces considérations philosophiques que notre globe n'est point celui de Strabon, et que celui de Strabon n'était déjà plus celui de Sanchoniaton et d'Orphée; ce qui démontre l'absurdité de ceux qui ont fait la géographie immuable.

Ces principes, que personne encore n'a entrevus, ni par conséquent fait valoir, offrent des résultats qui répandent le plus grand jour dans les premiers monumens de l'histoire.

Les montagnes antiques, en se dégradant, ont cessé peu-à-peu d'être favorables à la population. D'abord la terre végétative qui couvrait leur noyau, ayant été enlevée, l'homme, qui ne pouvait plus être cultivateur, a abandonné un sol ingrat qui se refusait à ses premiers besoins ; ensuite leur cime s'abaissant, les vapeurs, source première des rivières, ne s'y sont plus arrêtées; alors les grandes métropoles des peuples primitifs, devenues totalement désertes, se sont confondues avec leurs colonies.

Toute cette théorie ne marche qu'à l'appui des faits. Il est avéré que l'Ararat, le Liban et les montagnes mères des Chaînes de l'Atlas et du Caucase, n'ont d'eaux, que quelques sources rares qui filtrent au travers des rochers, ou des torrents intermittents qui s'élancent de leur cime, dans le temps de la fonte des neiges. Il n'en est pas de même des montagnes d'un âge intermédiaire, telles que l'Appenin, les Alpes et les Pyrénées; on en voit jaillir les sources de presque tous les fleuves de l'Europe. Les Cordilières, qui tiennent à une époque moderne, semblent encore plus imprégnées de cette humidité radicale, si propre à la vie végétative. C'est dans leur sein que prennent naissance toutes les rivières de l'Amérique, et en particulier le fleuve des Amazones, le plus grand des deux mondes.

Le plateau même de la Tartarie dénote à cet égard sa prodigieuse antiquité. On sait que quand l'empereur Cang-hi, le Louis XIV de la Chine, vint le reconnaitre, il se vit sans cesse arrêté dans sa marche par la disette d'eau. Il est vrai que ce monarque avait le cortège d'un conquérant plutôt que celui d'un naturaliste. On dit qu'il exécuta ce voyage savant à la tête de soixante mille fantassins et de cent mille chevaux.

La disette d'eau entraîne nécessairement

la disette d'hommes; aussi tandis que les Alpes, les Pyrénées et les Cordilières sont peuplées jusqu'à la région des neiges, le plateau de la Tartarie n'a ses hordes ambulantes que vers sa base ; les Berbers, race peu nombreuse et vagabonde, ne s'élève pas au de sus des flancs de l'Atlas. On ne trouve qu'un couvent de moines sur la croupe de l'Ararat et du Liban, et l'aigle seule habite la branche mère du Caucase.

Mais je m'apperçois que ma plume, aussi vagabonde que mon imagination, franchit en ce moment de trop grands intervalles; revenons, avec le bâton de la philosophie, sur nos pas : il n'est pas encore temps de quitter un age du monde, qui n'est accessible que par les conjectures heureuses de l'analogie, pour arriver à des siècles, dont il est resté quelques traces dans la mémoire des hommes.

DE QUELQUES TRACES
DANS LA TRADITION,
SUR LA DOUBLE ORGANISATION DU GLOBE, PAR L'EAU ET PAR LE FEU.

Nous avons achevé notre théorie sur l'incendie primitif, qui a fait naître les montagnes primordiales, et sur les feux secondaires, auxquels on doit la projection des Volcans. Un nouvel horison va se développer devant nous. Il s'agit d'examiner les empreintes de la mer sur la surface du globe, et de suivre, autant qu'il est possible, un élément générateur dans tous ses développemens.

Il semble qu'en remontant ainsi à des époques, qui précèdent de tant de siècles l'origine de l'homme, je devrais être dispensé de m'appuyer sur les monumens de l'histoire : on peut bien me demander mes guides, quand je parle de ces atômes couronnés, qui se sont agités sur leurs trônes mobiles, dans quelques points de nos continents : mais que signifient des autorités d'historiens, quand il s'agit de montrer ce globe lui même, tirant, du feu qui le dévorait, la substance de ses Chaines primordiales, ou appellant ses mers dans l'atmosphère, pour organiser des montagnes secondaires qui pussent servir de base à ses monarchies ?

La physique seule est l'histoire de ces temps primitifs ; si je lis avec quelqu'intelligence, sur le sol que je foule aux pieds, le récit de ses antiques révolutions, mon histoire est faite, j'ai interprété la nature, et je puis me passer de consulter Thucydide et Diodore.

Cependant il faut condescendre à la foiblesse de ces hommes vulgaires qui, accoutumés à juger de la marche de l'univers par le petit jeu du choc de nos empires, ne croyent pas qu'un tableau philosophique puisse renfermer les élémens de l'histoire.

Sans doute on ne s'attend pas à des détails dramatiques, avant que la scène du monde actuel fut bâtie : mais il est des traditions générales que la physique a pu propager de siècles en siècles, depuis une époque inaccessible à la chronologie la plus conjecturale. Telle est celle qui a perpétué le grand fait : que la terre a subi une double organisation de la part du feu et de la part des eaux : fait qui constitue pour nous les deux premières pages des annales de la nature.

Voyons d'abord comment la mémoire d'un incendie primordial a pu se conserver sur la terre, au milieu des désastres épouventables qui en bouleversaient la surface.

Si on a suivi la filiation de nos idées, on a dû voir que la nature, telle qu'un ressort qui n'a été monté qu'une fois, devait perdre à chaque instant quelque chose de son énergie : il s'ensuit, que les révolutions du globe ont toujours été en s'affaiblissant, depuis la naissance des ages. Le premier effet de la conflagration générale a été la projection des montagnes primordiales : plusieurs myriades de siècles après, l'incendie affaibli a été encore assés puissant, pour élever sur les mers des Archipels Volcaniques : maintenant il se contente de vomir un Monte Nuovo, une Isle de Santorin ou un écueil des Açores.

L'homme n'a pas été témoin des premières explosions du feu : il ne l'aurait été que comme la Semelé de la Mythologie, en périssant à son approche : mais du moins, quand la retraite des mers lui permit de cultiver les sommets des monts primordiaux, il put voir en grand les phénomènes d'une terre incendiée : à ce période, il y avait encore une lutte terrible entre le feu, ancien possesseur du globe, et l'eau qui venait lui disputer ses conquêtes. Les tremblemens de terre déchiraient, avec la plus grande violence, le sein des continents qui commençaient à naître : un nombre prodigieux de Volcans se faisaient jour au travers des abymes : tout annonçait à l'homme primitif, qu'il venait d'être placé par la nature sur le seuil d'un monde embrasé, qu'une curiosité inquiète lui ordonnait de connaître.

N'ayant autour de lui que des témoins muets des révolutions du globe, il eut le courage de les consulter : il interrogea surtout les montagnes Volcaniques, contemporaines d'époques inaccessibles à ses regards, et elles l'instruisirent, mais en hyeroglyphes, de leurs catastrophes.

Il n'était pas difficile, à la vue d'une foule de montagnes ardentes qui se faisaient jour au travers de l'Océan, ou qui s'addossaient aux Chaines primordiales, patrie primitive du genre humain, de soupçonner que le monde, dont on habitait les débris, avait été originairement l'ouvrage du feu.

Ces élémens de la physique générale, une fois posés par les premiers instituteurs de la terre, durent se perpétuer auprès des générations suivantes, qui voyaient encore de temps en temps le feu Volcanique varier ses scènes de destruction.

Les intervalles entre chaque explosion devinrent dans la suite plus considérables; des générations entières se passèrent, sans que le globe fut déchiré au dehors par le feu interne qui le dévorait : alors le peuple, qui partout a son intelligence dans ses sens, oublia peu à peu que le sol qu'il habitait avait été autrefois incendié, et il fallut que les philosophes, d'époque en époque, le lui rappellassent par des symboles et des hyéroglyphes.

C'est de cet age qu'il faut datter l'origine des traditions, soit orales, soit écrites,

écrites, qui servent de fondement à l'histoire.

Je ne m'arrêterai point sur ce Prométhée de l'Orient, adopté par les Grecs, qui déroba la flamme aux Dieux pour la donner aux hommes : encore moins sur le prétendu Vulcain, qui, suivant Diodore, acheta le trône de l'Égypte en imaginant le feu : ces énigmes sacerdotales s'interprètent dans tous les systèmes, et doivent être rejettées du nôtre : la route où je marche n'est, pour ainsi dire, qu'une corde tendue entre le monde aërien et le nôtre; et j'hésite à ne me soutenir dans le vague de l'air qu'avec le balancier de l'allégorie.

Mais il est difficile de ne pas reconnaître quelques traces de l'ancien embrasement du globe, dans un texte de la Théogonie, où Hésiode, chantant Jupiter vainqueur de Typhée, dit, que LE CIEL ET LA TERRE FURENT ÉGALEMENT EN PROYE À L'INCENDIE, ET QUE LE FEU DÉVORANT ALLA METTRE LA MER EN

FUSION DANS LES ENTRAILLES DU GLOBE ;
AINSI QUE DANS LES RETRAITES CAVERNEUSES
DES MONTAGNES.

Les géants, dont parle ce rival d'Homère, quand il décrit le triomphe de Jupiter, ont toujours paru aux philosophes le symbole de la discorde des élémens : et, s'il m'était permis d'avoir une opinion dans une matière aussi conjecturale, je serais tenté d'en faire le symbole du feu Volcanique, le seul qui put effrayer les hommes primitifs, puisqu'ils n'existaient point, quand le globe, encore fluide, projettait de son sein embrasé, les Chaînes primordiales.

Hésiode, et les poëtes Grecs qui l'ont copié, attestent tous que Briarée et les autres géants, qui luttèrent contre le père des dieux, étaient nés de la terre : c'est le feu Volcanique, produit dans les entrailles du globe, de l'incendie des pyrites.

Neptune, dans le même poëme, accorde sa fille à Briarée, et des palais sur la base

de l'Océan à ses frères : ce qui désigne
que, sans l'intermède de l'eau, le feu des
pyrites ne pourrait faire trembler la terre,
ni élever des Volcans.

L'auteur de la Théogonie, donne aux
géants cinquante têtes, pour faire connaître que cet incendie interne se mani-
festait à la fois par un grand nombre d'explosions.

Toute l'antiquité, soit parmi les poëtes,
soit parmi les historiens, s'accorde à dire que
les géants luttèrent contre les dieux, en leur
lançant des montagnes ; et rien n'exprime
mieux la théorie de la projection d'un
Monte Nuovo en Italie, ou d'un Cotopaxi
au Nouveau Monde.

Il y a un trait bien plus étonnant dans
la tradition recueillie par Apollodore : c'est
que la bataille se donna dans les Champs
Phlégréens (les champs incendiés) : ces
Champs Phlégréens ne sont qu'une suite
de Volcans éteints ou allumés, le long de

la côte de Pouzzole : c'est une région de feu, où domine le Vésuve.

Jupiter victorieux, enchaîne les géants dans les plus profonds des abymes, parce que les matières combustibles vont sans cesse en s'épuisant, et que grace au torrent des siècles qui roule sans cesse, le feu captif, privé de son antique énergie, se contente d'agiter les cavernes où il est renfermé.

Voilà sans doute une explication bien suivie de la fable des géants : le professeur Dupuis et l'érudit Gebelin, n'ont pas mieux dépouillé l'écorce de la mythologie, pour y trouver l'un son phantôme du Zodiaque ; et l'autre sa chimère de l'agriculture : mais c'est cette facilité même de plier les traditions des poëtes anciens à tous les paradoxes, qui me rend mon interprétation suspecte : aussi je ne la présente que comme un vague apperçu. Mon objet est encore moins de donner une base au systéme de l'embrasement du globe, que de laisser pressentir la futilité de l'art des allégories.

Le même motif m'engage à effleurer la fable antique de Phaëton, qui, sous la plume d'un Gébelin, aurait enfanté plusieurs volumes.

Je me contenterai d'observer que le nom de ce héros, qui, dans les langues Orientales, signifie BOUCHE DE FEU, est plus propre à désigner l'embrasement du monde, qu'un conducteur présomptueux du char du Soleil.

Ovide, quoique son objet fut plus de parler à l'imagination de l'homme de gout qu'à la raison des sages, a peut être fait allusion à cet embrasement primitif, quand il a dit: QU'IL Y EUT UN JOUR, (une époque) SANS SOLEIL, UN JOUR OU LA LUMIERE DE L'ASTRE FUT REMPLACÉE PAR LA LUEUR DE L'INCENDIE.

Et il fallait que cette fable antique eut un noyau de vérité, puisque l'instituteur d'Alexandre, dépositaire d'une tradition des premiers âges, déclare positivement qu'à L'ÉPOQUE DE PHAÉTON, DES TOURBILLONS DE FLAMME, DESCENDUS DE LA RÉGION ÉTHÉRÉE, EMBRASÈRENT PLUSIEURS CONTRÉES DU GLOBE.

Il ne manque peut-être, pour tirer l'histoire de Phaëton, de la classe des contes de la mythologie, que d'en fixer l'époque : et la chronologie lui a fait cet honneur. Eusèbe, place la pluye de feu, qui arriva sous ce héros d'Ovide et d'Aristote, au même siècle que le déluge de Deucalion.

Hâtons-nous de sortir de ces laudes étymologiques, mythologiques, chronologiques, qui d'ordinaire, malgré l'esprit qu'on met à les fricher, ne servent qu'à dénaturer le champ de l'histoire.

Les Scythes, du premier âge des monarchies, avaient une Cosmogonie : et voici comment ils y rendaient hommage à l'ancienne tradition, sur le monde organisé par le feu et par les eaux : mon guide est Trogue

Pompée, qui avait écrit quarante quatre volumes sur l'histoire universelle, et que nous ne connaissons malheureusement que par l'analyse du faible Justin son abbréviateur.

« Le monde, aujourd'hui divisé, ne dut
» faire qu'un tout dans l'origine des ages,
» et, quelque système qu'on embrasse, soit
» que le globe primordial ait été totalement
» enseveli sous les eaux, soit que le feu
» qui l'a engendré, y maintienne son em-
» pire, dans les deux hypothèses, les Scythes
» pouvent se glorifier de la plus haute
» antiquité : car, si c'est le feu qui, ayant
» d'abord organisé le monde, s'est éteint
» peu à peu pour donner une patrie aux
» hommes, il est évident que la première
» contrée habitable, a dû être le Nord,
» puisqu'encore aujourd'hui c'est celle qui
» semble le plus inaccessible à l'empire
» du feu....Mais, si nos continents ne furent
» autrefois qu'une vaste mer, puisque les

» régions les plus élevées durent, par l'écou-
» lement des eaux stagnantes dans les
» plaines, se trouver les premières décou-
» vertes, il est manifeste que le berceau
» des hommes a dû être la Scythie, plus
» hérissée de montagnes, et où de grands
» fleuves prennent leur source, pour aller
» ensuite se précipiter aux Palus-Méotides
» dans la mer d'Égypte et au Pont-Euxin.

Il est difficile de trouver dans l'antiquité un texte plus beau sur l'origine des choses ; ce ne sont point là des hyeroglyphes, qu'un prêtre Égyptien interprète à sa fantaisie, quand il veut tromper les hommes qu'il a intérêt à gouverner : je n'y vois qu'une philosophie lumineuse fondée sur les faits. Cent siècles de recherches, de génie, et de raison, ne donneront peut-être jamais une meilleure Cosmogonie.

Ajoutés à ces vestiges de l'antique tradition sur la conflagration du globe, ce culte du feu sacré, qui a jetté de si profondes racines sur la surface des deux hémisphères. Voyés la flamme, brillant sans cesse en Perse sur les autels érigés par Zoroastre ; le foyer perpétuel de l'Apollon de Delphes ; la lampe qu'on n'éteignait jamais devant la Minerve d'Athènes : considérés Rome, faisant dépendre sa destinée du brasier de Vesta ; les idoles colossales du Moloch des Amalécites et du Saturne de Carthage ouvrant leurs bras toujours embrasés, pour prendre leurs victimes : jettés enfin un coup-d'œil philosophique sur un culte plus pacifique, mais dérivant de la même doctrine, trouvé au Nouveau Monde, parmi les enfans du Soleil, et jugés si ce n'est pas à l'ombre de la physique, qu'on voit ici marcher la religion.

Et si l'on vouloit voir les deux grands principes de l'organisation du globe par le feu et par l'eau, réduits en un seul dogme sacré, par l'imposture sacerdotale, il suffirait de déchirer l'écorce qui a couvert long-temps aux yeux du vulgaire la doctrine des deux principes.

Il est difficile de se refuser à l'idée que l'Oromaze des Perses, ou le génie du bien, ne fut le type du feu, et que leur Arimane, ou le génie du mal, ne fut l'image des eaux. On sçait que la Perse imprégnée des principes générateurs du Soleil, a dû regarder le feu comme un dieu tutélaire, et que les torrents, qui descendent de ses hautes Chaînes pour dévaster ses campagnes, lui devaient faire regarder l'eau avec horreur; il en est de même de toutes les copies de l'Oromaze et de l'Arimane, telles que l'Osiris de l'Égypte et son Typhon, le Jupiter de Rome et son Véjovis, le Pachacamac du Pérou et son Cupaï : car le dogme des deux principes a germé partout : on l'a trouvé également dans les cabanes des barbares et sous les portiques des philosophes. On dirait que le globe presque entier, étonné de se trouver Manichéen, faisait de ce dogme le premier chapitre de l'évangile de la nature.

Quant aux traces particulières, rencontrées dans les antiques traditions, sur l'organisation du globe dans le sein des eaux, elles sont innombrables : on les voit empreintes dans tous les ouvrages religieux depuis la Cosmogonie de Moyse, jusqu'à celle des indigènes du Nouveau Monde; on ne peut lire aucun livre philosophique depuis Sanchoniaton jusqu'à Telliamed, qui ne les rappelle.

L'auteur de l'ANTIQUITÉ DÉVOILÉE, qui ressemblait à Socrate par son visage et par l'audace de ses pensées, a surtout consacré vingt ans de sa vie à étayer cette grande vérité, du poids de son génie et de celui des faits. Cet homme célèbre avait été frappé de bonne heure du tableau des antiques révolutions du globe : il avait vû, dans nos carrières, l'empreinte des plantes qui naissent sur la Côte de Coromandel :

son cabinet offrait des dépouilles d'éléphants, exhumés vers la Sibérie, et il foulait lui-même aux pieds un sol surchargé de celles des coquillages : toutes les idées, que présente la combinaison de ses faits, fermentèrent dans sa tête, et il partit des ravages des eaux sur toute la surface du globe, pour reconcilier le déluge universel avec la raison.

La reconciliation n'eut point lieu, malgré toute l'érudition de l'antiquité dévoilée, parce qu'on ne bâtit rien en physique avec la baguette des prodiges ; mais il en resta, pour tous les esprits droits, la conviction la plus intime, que le globe avait été sous les eaux, et que l'homme en avait consigné le souvenir, soit dans ses annales, soit dans les dogmes de la religion.

Comme les montagnes, élevées les premières au dessus des flots, devinrent la demeure des hommes primitifs, il en résulta une espèce de culte pour les éminonces des deux hémisphères. On connait les folies religieuses de Samarie, pour son mont Garisim ; l'Orient sacrifiait aux éléments sur les Pics les plus inaccessibles : l'Ethyopien escaladait ses Chaines, pour se reconcilier avec le Soleil qui le brulait ; aujourd'hui encore le Japonais va en pélerinage sur son mont Isje, et l'Indigène de la Floride sur l'Olaymi ; le Tartare se croit issu en droite ligne du Génie, qui habitait l'éminence, où le fleuve Songari prend sa source; et des Brames de l'Inde vont déposer leurs offrandes sur le Pyrpanjal, un des plus hauts sommets du Caucase.

Si le sceptique doute encore de la grande influence qu'ont eue les mers sur l'organisation du monde actuel, je ne tarderai pas à rassembler une masse d'authorités qui l'écrase : il y a une classe de lecteurs, dont la logique ne fait qu'effleurer la croyance : il faut, malgré soi, les ramener au ton de leur siècle, en leur disant quel était le ton

des siècles qui les ont précédés : il faut
pour leur faire parvenir la vérité sans péril,
lui donner une escorte ; seule on ne la re-
connaîtrait pas ; il n'y a de sûreté pour elle,
que quand elle marche avec Sanchoniaton,
Hérodote ou Diodore.

AUTORITÉS PARTICULIERES

Sur le grand principe, que le monde, tel qu'il est dessiné, est l'ouvrage de l'Océan.

Le monde créé par le feu n'existe presque plus pour nous : il faut habiter au pied d'un Volcan en explosion : il faut que la Chymie soumette à son analyse les substances que cet être primitif a décomposées pour se faire une idée de son empire au commencement des âges : il en est de l'incendie primordial, sur la surface actuelle du globe, comme du Satan de Milton, qui n'atteste que par les sillons d'un front cicatrisé, qu'il fut un jour atteint de la foudre.

L'organisation du monde par les eaux est au contraire empreinte à grands traits sur toute sa surface : on ne peut descendre dans les grandes profondeurs du globe, étudier le sol sur lequel nos villes sont bâties, escalader les montagnes qui n'atteignent pas à la région des nuages, sans rencontrer à chaque pas des preuves du séjour des mers : ce grand phénomène a été depuis un siècle examiné sous tant de faces, qu'on ne peut plus se refuser à son évidence : le nier c'est dire avec Berkeley qu'aucun corps n'existe : c'est donner des armes à Hobbes et à Buffon, qui ont écrit contre les mathématiques.

L'Océan a réellement créé tout ce qui s'offre à nos yeux, dans le monde que nous habitons : et la régularité avec laquelle il a travaillé, distingue essentiellement ses ouvrages, des productions du premier des élémens.

L'analyse de ce monde créé par les eaux est proprement le vestibule, qui nous conduit à l'histoire des temps primitifs.

C'est

C'est à elle aussi que nous devons les élémens d'une géographie toute neuve, ou du moins que nos écrivains pusillanimes ont rendu telle, à force de la circonscrire dans les limites étroites de leur entendement.

Le principe, que l'Océan a organisé tout ce que nous voyons, à l'exception des rochers primordiaux, aurait excité, avant la révolution Française, les anathèmes de tous les ennemis des lumières : et il y en avait alors, depuis les dégrés du trône, jusqu'au stupide sectaire qui rampe dans la poussière. Jamais les inquisiteurs de la pensée n'auraient permis à la physique d'avoir raison contre la théologie : où si l'enthousiasme pour la vérité m'avait fait secouer les chaînes de la censure, nouveau Galilée, j'aurais été obligé de demander pardon à la Sorbonne, d'avoir mieux raisonné qu'elle sur les principes des choses.

Cependant si, en mettant à part cette

raison si suspecte à l'homme, qui ne sçait que croire, je me contentais de faire parler l'autorité, je trouverais aisément, dans la Cosmogonie même de Moyse, des preuves, que les eaux ont préexisté au monde actuel que nous habitons.

Je prie tout homme sans préjugé de poser avec attention ces premiers versets de la Genèse.

« La terre était informe et dans un état
» de nudité..... L'esprit de Dieu était
» porté sur les eaux..... Dieu divisa les
» eaux qui étaient sous le firmament, de
» celles qui étaient au dessus.... Il dit
» ensuite : que les eaux qui sont sous le
» ciel se rassemblent en un seul lieu, et
» que l'élément aride paraisse, et cela se
» fit ainsi : alors il donna à l'élément aride
» le nom de Terre, et il appella mer la réu-
» nion des eaux.

Je n'aime point Buffon, qui explique la Genèse en sophiste, pour la plier à ses époques : qui fait une histoire naturelle pour la Sorbonne : qui dit la vérité, en faveur des philosophes, et qui la rétracte en faveur des théologiens ; il valait mieux mériter des statues avec le génie, que de les obtenir avec ce manége.

Pour moi, quand je cite un texte sacré, c'est que je n'ai pas besoin d'employer le sophisme, pour le faire rencontrer avec la physique : il me paraît que Moyse a été, dans les premiers versets de la Genèse, l'interprète d'une tradition primitive sur l'organisation du globe par les mers ; et si je le prouve, je n'aurai point la faiblesse de demander pardon de mes découvertes.

LA TERRE ÉTAIT INFORME, parce qu'alors les mers travaillaient dans leur sein à l'organisation des montagnes.

Elle était DANS UN ÉTAT DE NUDITÉ, puisque le sol végétatif ne servait pas encore d'enveloppe, au squélete décharné de ses roches primordiales.

L'ESPRIT DE DIEU ÉTAIT PORTÉ SUR LES EAUX. Il s'agissait de démontrer à un peuple stupide la préexistence de l'ordonnateur des mondes ; et Moyse suppose, qu'avant que notre globe fut organisé, une espèce d'esprit de feu lui préparait les élémens de la vie ; il n'y avait alors de visible que les eaux, dans lesquelles notre planète était ensevelie, et l'écrivain sacré fait porter sur les eaux cet esprit vivifiant, qui représente la providence des philosophes.

DIEU DIVISA LES EAUX QUI ÉTAIENT SOUS LE FIRMAMENT, DE CELLES QUI ÉTAIENT AU DESSUS. Ici Moyse, qui voulait se faire entendre, plutôt que se faire deviner, parle la langue populaire. Il est certain que la mer parait du rivage se réunir au ciel : voilà pourquoi les poëtes de l'Orient, qui ont tant animé la nature, disaient que le Soleil allait tous les soirs se coucher dans l'Onde : il était donc tout simple à un stupide Hébreu, qui ne croyait que par ses sons, de penser qu'il existait des eaux d'en haut et des eaux d'en bas, dont les unes formaient la voute des cieux et les autres le bassin de la Mer Rouge et de la Méditerrannée : car sa géographie n'allait pas jusqu'à supposer un Océan qui sert d'enceinte au globe : mais comment empêcher les mers célestes et les mers terrestres de se confondre ? c'était en les séparant par la muraille diaphane du firmament. Cette analyse des idées populaires éclaircit le texte énigmatique de Moyse. Il est manifeste que le législateur des Hébreux a déguisé la physique primitive sous une physique vulgaire. Ayant à expliquer comment la terre s'éleva au dessus de l'Océan, il préféra au principe philosophique de la retraite lente et graduée des mers, l'idée plus sensible de la projetter dans les intermondes, par un seul acte de la toute-puissance.

Dieu fit paraître ensuite sur la surface

des eaux L'ÉLÉMENT ARIDE, auquel il donne le nom de Terre; ici Moyse parle sans symbole, parce qu'il ne faut aucune philosophie pour l'entendre. Il n'existait point d'élément aride, avant la retraite des eaux : ce ne fut qu'au moment où elles abandonnèrent les cimes de nos continents, que l'ordonnateur des mondes put donner le nom de Terre au sol destiné à porter le genre humain. Cette physique n'a rien dont le naturaliste s'alarme, elle commande la foy, sans cesser de parler à la raison.

Cette idée, que Moyse s'est fait l'interprète d'une antique tradition sur l'origine du globe, devient encore plus frappante, quand on voit que la plupart des parties de cette Cosmogonie, se lient entre elles. C'est ainsi que l'écrivain sacré ne fait naître la végétation, que lorsque la terre recommence à se découvrir ; que les dépouilles des poissons devant servir à la formation des éminences secondaires du globe, ce sont les poissons que d'abord il organise; et que, dans la hyérarchie des êtres, l'homme offrant le méchanisme le plus compliqué, c'est aussi le dernier qu'il fait paraître sur la scène de la nature.

L'unique objection qu'on pourrait faire, contre cette théorie, viendrait du peu de temps que le Dieu des Israëlites consacre à l'organisation entière du globe : mais il est évident, comme Buffon l'a démontré, que l'ouvrage des six jours ne désigne qu'une durée quelconque, partagée en six intervalles. Il s'agissait si peu, à cette époque primordiale, de jours Solaires de vingt-quatre heures, tels qu'ils composent aujourd'hui notre année astronomique, que le Soleil même, dans les trois premiers temps marqués par la Genèse, n'existait pas. La langue des Hébreux est très-stérile : elle est dénuée non seulement de termes, mais encore d'images, pour rendre les idées abstraites ; il faut y chercher l'idée sublime d'un Dieu rénumerateur et vengeur, et non la métaphysique de Locke ou le système de Copernic.

Telle est la manière la plus raisonnable d'entendre le premier chapitre de la Cosmogonie de Moyse. Cependant je respecte trop mon siècle, mes lecteurs et moi-même, pour terminer l'exposition de mon hypothèse, comme Buffon termine la sienne. « Je ne me suis permis, dit ce philosophe, » d'interpréter les premiers versets de la » Genèse, que dans la vue d'opérer un » si grand bien : c'est de concilier à jamais la » science de la nature avec celle de la » théologie.

Je voudrais, en parlant de la nature, ne jamais parler de la théologie. Cependant il n'est point indifférent qu'on sçache que les théologiens les plus respectables de notre culte, je veux dire les pères de l'église, ont quelquefoi entendu la Genèse, dans le sens élevé que je lui attribue. Au

COMMENCEMENT DES AGES, dit Saint Jean Damascène, L'EAU ÉTAIT STAGNANTE SUR TOUTE LA SURFACE DE LA TERRE. Saint Ambroise n'est pas moins expressif, NOTRE GLOBE, (à cette époque primitive), NE POUVAIT S'OFFRIR AUX REGARDS, PARCE QUE LA MER S'ÉLEVAIT AU DESSUS ET COUVRAIT TOUTES SES ÉMINENCES.

La tradition adoptée par le législateur des Hébreux, se rencontre dans la plupart des Genèses Orientales.

Le Saturne des Atlantes, s'il est vrai que son nom dérive de SATUS UANA, l'enfant des eaux, a désigné, dans une mythologie philosophique, notre globe s'élevant au dessus des mers, au sein desquelles il était submergé.

Oannès, le législateur des Chaldéens, avait écrit un code sacré sur l'origine des êtres : il y enseignait, qu'à une époque primordiale, il n'existait dans la nature que l'eau et les ténèbres : au milieu de ce cahos vivaient des monstres, qui obéissaient à la reine Omercah ; un jour le dieu Bel, symbole de l'ordonnateur des mondes, s'avisa de couper cette souveraine en deux, et de former de ses deux tronçons le Ciel et la Terre : alors tous les monstres périrent, et notre globe fut organisé.

Veut-on sçavoir quelle est cette Omercah ? le Syncelle dérive son nom de Thaleth, et dit qu'il désigne l'Océan : or on conçoit que, dans la séparation des élémens, la terre a pu s'élever du sein d'Omercah, et qu'une autre partie de sa substance a pu constituer le Ciel du peuple, c'est-à-dire l'atmosphère.

Pour Oannès, c'était un amphybie, qu'on vit sortir tout à coup de la Mer Erythrée, pour civiliser des hommes sauvages, qui vivaient sur les hauteurs de l'Asie, à la façon des quadrupèdes. Il n'est pas difficile de voir, dans quel sens les anciens faisaient sortir de la mer les instituteurs des hommes,

La tradition du monde organisé par les mers, a été commune à presque tous les théologies de l'Orient, puisque l'apothéose de l'eau, comme le plus bienfaiteur des élémens, s'est trouvé chez presque tous les peuples civilisés, chez les Perses, en Égypte, dans la Cappadoce, et sur les bords du Pont-Euxin.

L'Océan était le père des dieux, pour la Grèce barbare antérieure à Homère, et elle continua à l'être dans cette Grèce raisonneuse de Périclès, qui produisit tant de sages et de sophistes, de Théistes et d'Athées, quelques Socrates et un si grand nombre de Diagoras.

On retrouve des traces de la Cosmogonie d'Oannès jusques chez les Bramnes de l'Inde primitive ; il est dit, dans un fragment de l'Oupnekhat, un des évangiles des bords du Gange : LE MONDE ENTIER RESTA D'ABORD CACHÉ DANS L'EAU, DANS LA GÉNÉRATION DES ÊTRES : CE FURENT LES DÉCRETS ÉTERNELS,

QUI RENDIRENT L'EAU GROSSE DE LA TERRE
QUE NOUS HABITONS.

Les théologiens, à cet égard, semblent avoir contre leur usage, inspiré leur doctrine aux philosophes.

Xénophane avait observé que les écailles des poissons qui habitent toutes les mers connues, se trouvaient dans les environs de Syracuse, et il en avait conclu que l'Océan avait couvert non seulement la Sicile, mais encore tous les continents du globe.

Le même tableau, dans d'autres contrées, avait conduit aux mêmes résultats Xanthe de Lydie, Strabon et le célèbre Eratosthène.

C'est en commentant ces philosophes, que Strabon écrivait : NOTRE NATURE EST DE VIVRE PRESQU'ÉGALEMENT DANS LES DEUX ÉLÉMENS, ET L'HOMME N'EST PAS PLUS LE FILS DE LA TERRE QUE CELUI DE L'OCÉAN.

Homère, Hésiode, Lucrèce et la plupart des poëtes qui ont donné du coloris à la raison sévère des philosophes, ont rendu hommage à la tradition antique, qui fait de l'eau le second principe du globe ; mais il est inutile d'entasser ici des authorités : j'en ai dit assés pour l'homme droit qui ne veut qu'être éclairé : quant au sectaire, qui condamne, avant de les entendre, les opinions qui ne sont pas dans son évangile, il ne se rendrait pas encore, quand même il se verrait écrasé de toutes les authorités de l'univers.

DE L'IDENTITÉ,

ENTRE L'ORGANISATION DE LA TERRE ET CELLE DU FOND DES MERS.

Le globe que nous habitons, offre, ainsi que nous l'avons vû, malgré l'unité imposante de son plan primitif, une foule d'irrégularités dans ses détails : le Pôle du Nord est un noyau de terre et celui du Sud est tout en mers. Il n'y a point d'uniformité dans la direction des Chaines primordiales. L'Océan d'un côté a des profondeurs de trois milles toises, et de l'autre son lit touche à sa surface. Au milieu d'une plaine immense s'élèvent des Pics, qui se perdent dans la région des nuages. Il semble que tant d'inégalités devraient rompre l'équilibre de la charpente du globe.

Mais si notre monde est si irrégulier à

sa surface, il faut bien que dans des temps antérieurs il ait été régulier. Tout ce qui existe dans la nature, soumis aux mêmes loix, passe par divers périodes d'accroissement, de maturité et de décadence : et puisque le globe a commencé, l'époque de son berceau n'a pas été celle de sa décrépitude.

Lorsque le globe était tout entier sous les eaux, il formait, aux Chaines primordiales près, un Sphéroïde sans inégalités : nous n'avons, par rapport à cette première époque de la descente des mers sur notre planète, aucun monument historique : mais la physique supplée au silence des Polybe et des Diodore, et la voix éloquente de la nature ne doit point être rejettée dans une Histoire du Monde Primitif.

Il est évident, par la structure intérieure du globe, par le parallélisme horisontal de ses couches, par la position de ses lits de coquillages, par la direction des Chaines de rochers, qui le coupent vers l'Équateur; et par la correspondance des angles d'un petit nombre de ses montagnes, qu'il n'est dessiné tel que nous le voyons, que par l'action lente et graduée des mers, qui ont couvert en tout sens sa surface.

Cette vérité à peine pressentie au siècle de Louis XIV, est aujourd'hui portée au dernier degré d'évidence par les sçavants, qui, de tous les points de l'Europe éclairée, se réunissent à surprendre les secrets de la nature; c'est surtout depuis quarante ans, que le génie observateur a fait à cet égard les plus heureuses découvertes; et nous osons dire que, de cette époque, il n'existe aucun bon livre de physique, qui ne renferme dès preuves directes du séjour antique de l'Océan, sur la surface du globe et de sa lente retraite.

La démonstration la plus sensible de ce genre, serait celle qui résulterait d'une identité parfaite entre l'organisation du lit

lit de l'Océan et celle du sol qui porte nos montagnes.

Le comte de Marsigli, qu'il faut toujours citer, quand il s'agit de monuments élevés aux arts par le génie et la richesse, le comte de Marsigli, dis-je, a écrit une histoire physique de la mer, également recommandable par les recherches et par les gravures. Cet ouvrage renferme une série ingénieuse d'observations, sur la partie de la Méditerrannée, qui baigne les côtes du Roussillon, de la Provence et du Languedoc : on peut d'autant plus compter sur leur justesse, que tout concourait à les perfectionner : l'or répandu avec discernement parmi les artistes, les lumières de l'académicien Chazelles, et jusqu'au despotisme de Basville, l'intendant du Languedoc.

Or il est démontré, dans cette histoire physique de Marsigli, que la mer a deux fonds : l'un formé, dès l'origine du globe, et composé de roche vive ; c'est proprement son lit primordial : l'autre n'est qu'un fond accidentel ; ce qui le constitue est l'amas de tous les corps marins : tels que les dépouilles de poissons, les coquilles et les madrépores : amas rangé par couches horisontales, qui tantôt couvre d'une manière uniforme la roche-vive, et tantôt s'élève au sein des flots sous la forme de montagnes.

Ce fond de mer est partout une prolongation du rivage, faite presqu'avec l'exactitude des géomètres.

Le bassin de la Méditerranée est, d'après les mesures exactes de l'académie, plus étroit, d'un nombre considérable de dégrés, qu'il ne l'étoit dans les temps antérieurs : ce qui annonce la retraite des mers, et non, comme le dit le vulgaire sçavant, les erreurs des anciens géographes.

Voilà dans cette analyse substantielle, le germe de toutes les vérités physiques, éparses dans les Cosmogonies.

Le célèbre Donati a fait une histoire naturelle de la mer Adriatique, où il développe toutes les découvertes de l'académicien de Bologne; c'est là qu'on voit, dans tous les détails, l'identité du fond des mers et de la surface aride du globe.

« J'ai étudié avec le plus grand soin, dit
» ce naturaliste, le lit du golfe de Venise,
» et il m'a paru qu'il ne différait en rien
» du sol de nos continents : on y voit des
» vallées, des cavernes, des montagnes
» et jusqu'à des rivières; les couches horisontales, qui lui sont superposées, renferment, comme dans les éminences terrestres, de l'argile, de l'humus végétal,
» des matières calcaires et des métaux.

» Si cette théorie générale ne suffisait
» pas, je prouverais aisément, par des observations de détail, que l'organisation
» des deux sols est la même : ce qui conduit à croire qu'ils sont également l'ouvrage des eaux.

» Il n'est pas rare de trouver, au fond
» de la Méditerrannée, de ces marbres
» hétérogènes, connus en minéralogie,
» sous le nom de Brèches. Les fragments
» arrondis qui les composent, prouvent
» qu'ils ont été roulés par les vagues, avant
» d'avoir été arrêtés par le ciment qui les
» a réunis.

» J'y ai vû aussi d'autres sortes de mar-
» bres, formés d'un mélange de corps
» marins avec du sable, que le laps du
» temps a pétrifié : ils ne diffèrent ni par la
» contexture, ni par le poli qu'ils reçoivent,
» des marbres de la terre ferme.

» Les pierres précieuses même ne sont
» pas particulières à nos continents : j'ai
» pêché la matrice d'Émeraude vers le
» port d'Osera, la Chalcédoine auprès de
» Corgola et la Cornaline dans les parages
» d'Ancone.

» Ce qui prête le plus à l'étonnement
» des philosophes, c'est la croute immense

» de Crustacés, de Testacés et de Poly-
» piers, qui constitue le fond de la mer
» Adriatique : comme ces corps se pétri-
» fient successivement, l'amas augmente
« sans cesse : ce qui éleve peu à peu le
» fond des eaux..... Malgré cela, cette mer
» recule évidemment et abandonne ses an-
» ciennes limites.

Nous avons observé, qu'avant que les mers descendissent de l'atmosphère, la surface entière du globe devait être plane, à l'exception des inégalités formées par les Chaines primordiales : aujourd'hui elle est hérissée partout de montagnes secondaires, soit dans le sein des eaux, soit sur nos continents, et l'identité des effets atteste à tous les physiciens l'identité de la cause.

Nous ne voyons point sur le sol aride de nos plaines le méchanisme de l'organisation des montagnes Calcaires : les Pyrénées, le Jura et les Vosges semblent défier par leur antiquité la chronologie la plus audacieuse : et parce qu'aucun monument historique n'atteste leur élévation lente ou subite sur leur base, le vulgaire les croit contemporaines de la structure du globe.

Il a fallu que le naturaliste descendît au fond des mers; et observât en silence l'accroissement successif des couches horisontales, pour se persuader que les montagnes secondaires, qu'elles constituaient, étaient l'ouvrage d'un fluide, réparateur des ravages du feu; alors le fil de l'analogie l'a ramené aux Vosges, au Jura et aux Pyrénées; il a décomposé leurs flancs avec le marteau du Mineur, et voyant leurs lits de la même nature que ceux des éminences marines, il en a conclu que toutes avaient la même origine.

L'organisation des montagnes marines, malgré la nuit des temps qui la couvre de son ombre, n'offre rien qu'une physique circonspecte ne puisse expliquer.

L'Océan tient de la pression de la Lune sur notre atmosphère, son oscillation régulière, connue sous le nom de flux et de reflux; ce balancement, combiné avec le grand mouvement de ses eaux de l'Orient vers l'Occident, produit, presque à chaque vague, un remuement de matières, qui tombent ensuite comme un sédiment au fond du bassin, et y forment des couches horisontales et parallèles, effet nécessaire, soit de la pésanteur, soit de la direction régulière des marées.

Du moment que deux monticules marins ont été organisés, il est aisé de pressentir que leurs flancs opposés aux vagues feront obstacle à l'uniformité du balancement des eaux, et qu'il en naitra des mouvements composés. Delà les courants, qui sont les fleuves des mers, comme le Tygre, le Sénégal et le Danube sont les fleuves de la terre ferme.

Des courants ne peuvent se frayer une

route, entre des éminences marines, sans sillonner leur lit à une très grande profondeur; les terres qu'ils rongent vont former loin du détroit, d'autres montagnes, comme le Nil, à son embouchure, repoussé par la Méditerranée, a formé la grande plaine de l'Égypte, sur laquelle reposent le Caire et Alexandrie.

Les montagnes organisées ainsi, constituent des Chaines d'autant plus irrégulières, que les courants qui les produisent sont plus variables : on sçait qu'il y en a deux directement opposés, dans le détroit de Gibraltar : l'un va d'Occident en Orient, le long de la côte d'Afrique jusqu'à la vue de l'Isle de Candie : l'autre qui commence précisément où le premier finit, va d'Orient en Occident, le long de la côte d'Europe, pour se terminer au détroit.

Les vents s'unissent aux marées, pour empêcher qu'on ne soumette à une théorie uniforme la marche des courants; aux

Maldives et entre toutes les Isles de la mer des Indes, ces fleuves de l'Océan vont, pendant six mois, dans la direction des vents et le reste de l'année dans une direction opposée : c'est un phénomène reconnu de tous les navigateurs, que chacun explique à sa manière, et pour lequel nous n'avons pas encore le mot de la nature.

Les montagnes, formées par les courants, en suivent la direction : ainsi il n'est pas étonnant de voir dans la mer Atlantique, près de la Guinée, des Chaînes sousmarines se prolonger d'Occident en Orient, et d'autres dans la mer Pacifique, sur les côtes du Pérou, s'étendre du Midi au Nord. Presque toujours, quand le courant parcourt un détroit, il y a correspondance d'angles saillants et rentrants entre les Chaînes opposées : c'est un fait reconnu pour les montagnes de la terre-ferme, dont les fleuves ont travaillé les flancs, et il en doit être de même pour les éminences, qui doivent aux fleuves de la mer leur origine : il est vrai que Buffon et d'autres physiciens à système, ont eu tort d'étendre ce principe à toute la masse des montagnes du globe : car assurément aucun courant de feu n'a créé des angles saillants et rentrants au Caucase, aux Alpes, et aux autres Chaines primordiales.

Sous la Zône Torride, où la nature s'annonce, soit dans les compositions, soit dans les destructions avec plus d'énergie, les Isles, qui sont proprement les montagnes de la mer, s'élèvent quelquefois aux dépens de celles qui les dominent dans les mêmes parages. On en a observé aux Philippines, qui contiennent très-peu de terre végétale : pour peu que l'on y creuse, on n'y trouve que du sable mêlé avec des huitres, des moules et des madrépores : on a été plus loin encore, et malgré l'intervalle des mers, l'historien Portugais, Jean de Barros, a écrit que l'Isle de Goa s'était formée au dépens de la Chaîne des Gates dans la Péninsule de l'Inde.

De quelque manière que s'organisent les éminences cachées dans le sein des mers, ou celles qui, sous le nom d'Isles, dominent sur les vagues, il est évident que puisque leur composition admet les mêmes élémens que les montagnes secondaires de la terre ferme; elles doivent toutes avoir eu la même origine : de là on peut conclure, que nos continents ne sont qu'un fond de mer très-ancien, qui s'est élevé graduellement au dessus des eaux ; et plus nous avancerons dans cette histoire, plus ce corps de doctrine deviendra pour les bons esprits, l'évangile de la nature.

Les monuments de l'histoire viennent à l'appui de cette théorie philosophique. On ne peut faire un pas sur le globe, sans y voir des vestiges de ses conquêtes sur l'Océan. Pline met notre Prusse et notre Poméranie sous les eaux, il y a à peine deux mille ans. Tous les Physiciens, qui ont parcouru les

Alpes, y ont vu l'empreinte des courants qui y ont formé ces rochers inaccessibles. Von Linné et onze de ses Disciples, ont calculé, d'après leurs expériences sur les côtes de Suède et de Danemarck, que la mer Baltique sera à sec avant cinquante siècles. Le sol de l'Asie et la tradition de ses peuples attestent la dégradation de ce bras immense de l'Océan, qui, après avoir fait communiquer la mer Glaciale à celle des Indes, a fini par n'être que le petit lac de la mer Caspienne. L'Afrique dépose aussi en faveur de cette grande vérité. On peut en juger par cette Memphis, d'où partirent des flottes formidables sous les Pharaons, et qui se trouve éloignée de la Méditerranée de vingt-cinq lieues ; par ces mers de Barca, de Cyrène et d'Ammon, où croisaient les navigateurs Phéniciens, et qui ne sont plus que de vastes déserts de sables, que les vents amoncèlent pour engloutir les caravanes. Le Nouveau Mond porte encore plus évidemment l'empreinte du séjour de l'Océan sur sa surface. Il y a très-peu de siècles, que ce continent à demi submergé, n'existait pour la race humaine qui l'habite, que par la Chaîne des Cordilières et des monts Apalaches; il va même sans cesse en s'aggrandissant, et le moment n'est pas loin, où ce monde moderne se réunira à l'ancien par la Californie.

Je ne jette ici, suivant mon usage, que quelques faits généraux, qui servent de phare dans la route ténébreuse que j'ose me frayer. J'ai le fil d'Ariane entre mes mains, et je ne le donnerai à mes lecteurs, que quand je les aurai fait sortir du labyrinthe, où j'ai eu la témérité de les faire entrer.

Les personnes qui, sans s'inquiéter d'arriver promptement à leur but, veulent approfondir tout ce qu'elles rencontrent sur leur route, demanderont peut-être une analyse chymique de toutes les substances;

qui forment la charpente de nos montagnes secondaires, affin, que s'il en résulte un rapport parfait avec les éminences cachées ou découvertes de l'Océan, l'organisation du globe, par le travail des eaux ; ne soit plus au rang des problèmes.

Mais une pareille analyse, pour faire authorité en physique, demanderait un traité complet de minéralogie : alors la question accessoire absorberait l'objet principal ; et mon Histoire du Monde Primitif, étouffée, comme une tragédie Anglaise, par un épisode qui en détruirait l'unité, perdrait tout l'intérêt de son dénouement.

Un coup d'œil rapide suffit ici pour montrer qu'on a quelque droit à la confiance, sans s'exposer à perdre le mérite de la précision.

Quand l'Océan vint s'établir sur la masse du globe à demi incendié, il dénatura peu à peu les substances primitives ; de là les Grès, formés de petits fragments de Quartz que l'eau a agglutinés, et le Crystal de Roche, qui, composé des mêmes élémens, ne diffère du Grès que par la pureté de ses parties intégrantes, et par la prépondérance du fluide qui lui a transmis sa transparence.

L'Argile de nos continents n'est que la décomposition des matières vitreuses, que l'eau a atténuées et réduites en terre; il en est de même du Schiste et de l'Ardoise, productions Argilleuses, dont l'une est mêlée avec du Mica et l'autre avec du Bitume. Ces substances qui entrent dans la charpente de nos grandes Chaines, toutes primordiales qu'elles sont dans leur principe, ne se présentent à nos yeux que dans un état de dégénération, qui atteste le séjour de l'Océan sur leur surface.

L'anatomie de nos montagnes secondaires achève de dissiper tous les nuages, que le Pyrrhonisme des ennemis de la physique a répandus sur la vraye organisation du globe.

Ces montagnes sont composées de matières Calcaires, c'est-à-dire, de détrimens de Coraux, de Madrépores, de Coquillages : toute substance qui a pu filtrer le suc lapidifique en fait partie, et sans l'intermède de l'eau aucune d'elle n'aurait pu s'organiser.

L'imagination d'abord est écrasée, quand elle calcule l'effroyable quantité de ces dépouilles marines, qui entrent dans la composition des Chaines, telles que le Jura ou la charpente secondaire des Pyrénées ; mais elle se rassure ensuite, quand elle parcourt les voyages qui ont le plus de droit à notre croyance. En effet, Cook a vu dans des parages déjà étudiés par notre Bougainville, une Isle basse, à moitié submergée, qui n'est qu'un vaste banc de Corail de vingt lieues de circonférence. Le sçavant Forster dit, en propres termes, en commentant cet illustre navigateur : « Toutes les Isles basses du Tropique Austral, semblent avoir été produites par des animaux

» animaux du genre des Polypes, d'où
» naissent les Lithophytes; ces infiniment-
» petits dans l'ordre des êtres sensibles,
» élèvent peu à peu leur demeure, de des-
» sus une base imperceptible, qui s'étend
» de plus en plus, à mesure que la struc-
» ture prend de l'accroissement.... Dans
» d'autres mers, le petit ver, dont le Co-
« rail est l'ouvrage, et qui paraît si insen-
» sible qu'on le distingue à peine d'une plan-
» te, aggrandit sa maison et construit
» un édifice de roches, depuis un point
» du fond de l'Océan, que l'art humain ne
» sçaurait mesurer, jusqu'à la surface des
» flots; par là il prépare une base à la ré-
» sidence de l'homme.

Il est reconnu de tous les navigateurs, que, dans mille parages divers, il se forme encore tous les jours des bancs, des récifs, des Isles à fleur d'eau, qui ne doivent leur origine qu'aux animaux à coquilles amoncelés; on peut de là se faire une idée de

leur génération immense, dans les premiers
ages du globe, lorsque son sein ne s'ouvrait
qu'à des principes de vie, et que la nature
enfantait les êtres dans sa première fécondité.

La Craye, la substance Calcaire la plus
pure, parce qu'elle n'est, à proprement parler, que le coquillage marin réduit en
poudre, forme quelquefois des collines entières dans nos continents; mais en général elle n'est pas si répandue que la Marne,
qui parait un mélange de cette matière avec
l'Argile; et beaucoup moins encore que
la pierre Calcaire qui, réunie en grandes
masses, constitue le noyau d'un grand
nombre de montagnes très-hautes et de
vallons de plusieurs lieues d'étendue.

Les matières Calcaires s'élèvent en densité depuis la Craye jusqu'au Marbre, et
leur pétrification s'est opérée originairement au fond des mers; du moins il est aisé
de le soupçonner, par les Marbres qu'on a

tirés sous l'eau, vers les côtes de Provence, par les Albatres des environs de l'Isle de Maltho, et par les pierres Calcaires des Maldives.

Pour reconnaître évidemment le produit du travail de l'eau dans la formation des roches Calcaires, Buffon propose dans sa Minéralogie, de fendre une pierre, dans le sens de son lit de carrière : alors les deux surfaces intérieures, qu'on vient de séparer, paraissent hérissées d'un grand nombre de petits mammelons qui se correspondent, et qui sont manifestement le produit du dépôt de la stillation d'un fluide. Quand on a la main physicienne, cette expérience ingénieuse ne manque jamais.

On rencontre souvent, dans les montagnes de seconde formation, des lits de Plâtre et de Sélénite, posés horisontalement sur les roches. Ces deux substances sont encore Calcaires : seulement elles ont été imprégnées d'Acide Vitriolique : l'Acide est seul dans la Sélénite, et il se contente de dominer dans le Plâtre.

En général toutes les matières Calcaires que la Chymie soumet à l'analyse, annoncent par leur décomposition leur origine : on en retire un quart d'eau ; ce qui désigne que ce fluide, après avoir passé par le filtre des animaux à coquilles, est devenu partie constituante de leur enveloppe pétrifiée.

Les eaux de l'atmosphère concourent aussi, avec celles de l'Océan, à la composition d'une foule de matières hétérogènes, éparses dans l'intérieur des montagnes.

C'est ainsi que les eaux pluviales, agissant sur des substances ou primitives, ou Calcaires, produisirent des Stalactites d'autant plus précieuses pour les arts de luxe, que leur densité ne nuit point à leur transparence.

C'est de la roche vive dissoute par l'eau pluviale, qui s'est imprégnée de molécules métalliques, que sont nés tous ces crystaux colorés, qu'on connait sous le nom d'Améthystes, de Chrysolites, d'Aigues-Marines et de Topases. La même opération de l'eau atmosphérique sur le Feld-Spath a produit les Crystaux Chatoyans, comme l'Opale et l'Avanturine ; et le Schoerl, ainsi décomposé par le même fluide, a donné naissance à l'Hyacinthe, au Grenat et à l'Emeraude.

Quelquefois les substances primitives se trouvant moins atténuées par l'eau atmosphérique, n'ont pu se crystalliser : alors il n'en a résulté que des Stalactites demi-transparentes, telles que l'Agathe, la Cornaline, l'Onyx et la Sardoine.

On voit qu'on ne peut faire un pas dans l'intérieur des montagnes à couches parallèles, sans reconnaître les vestiges d'un monde fabriqué par les eaux, qui a été superposé sur les ruines d'un monde dévasté par le feu.

L'examen de la terre même, qui sert d'enveloppe à la plus grande partie du globe, offre de nouvelles armes, pour combattre en ce genre l'incrédulité.

La terre élémentaire ou la poussière de la roche-vive primordiale, ne doit qu'à l'impression des élémens humides, de s'être atténuée et convertie en Argile ; c'est en cora l'action d'un fluide, sur les détrimens des plantes et des animaux, qui a constitué cette terre organique, que la Chymie désigne sous le nom de terre végétale.

La terre végétale retient toujours quelque parcelle du feu, contenu dans les corps organiques. Si ce dernier élément se fixe avec les Acides, il en naît des Pyrites, germe des montagnes ardentes ; s'il se fixe avec des Alkalis, quelques physiciens croyent qu'il en résulte la première des substances, c'est-à-dire, le Diamant.

Il est inutile de s'appésantir davantage sur des détails purement minéralogiques : plus nous avancerons dans la connaissance de la structure du globe, plus nous nous convaincrons qu'un fluide réparateur l'a revivifié, soit dans les temps primitifs, par son séjour, soit dans les temps postérieurs, par son influence.

DU SÉJOUR
PRIMITIF
DE L'OCÉAN.

SUR TOUTES LES PARTIES PLANES DU GLOBE.

L'identité entre l'organisation de la terre et celle du fond des mers, qui résulte de l'anatomie de nos montagnes, est une preuve philosophique, dont la force n'est pas de nature à être appréciée par tous les ordres de lecteurs : il faut, affin de poursuivre le Pyrrhonisme dans ses derniers retranchements, démontrer par les faits, que l'Océan a réellement couvert, dans des temps antérieurs, toutes les plaines de nos continents, sur lesquelles reposent nos monarchies.

J'ai dessiné la majeure partie de ce tableau : mais son immensité m'a effrayé : il m'a paru que si je m'obstinais à le conserver dans son intégrité, il tiendrait à lui seul toute ma galerie.

Oui, la géographie entière du globe, dépose en faveur de l'opinion, que les mers ont couvert sa surface. Malheureusement il faudrait un volume entier pour en convaincre, et ce volume aride, plein de détails monotones, étranger à la philosophie de l'histoire, ne pourrait être lu que par les géographes.

Je vais donc circonscrire le cadre où j'ai renfermé mon tableau : quelques points de vue, dessinés çà et là sur nos continents, suffiront aux bons esprits pour en juger l'ensemble : on pressentira, par le nombre de preuves que j'expose, la multitude de celles que j'oublie, et le sacrifice que je fais à la précision, n'entrainera aucun nuage sur ma franchise.

L'histoire du séjour de l'Océan sur le globe est écrite, de la manière la plus authentique, sur les Pétrifications que son sol renferme et sur ses coquillages : mais pour la lire avec fruit, il faut en étudier avec soin les caractères.

Les substances, que la physique désigne sous le nom de fossiles, sont, par les élémens qui les constituent, d'une origine animale et végétale : elles n'entrent que par accident dans le règne minéral : c'est par le long séjour qu'elles y font, qu'elles deviennent peu à peu indigènes.

Quand ces espèces d'amphybies ont rencontré des substances pierreuses, dans un état moyen entre la consistance et la fluidité, elles s'y sont incorporées et voilà les Pétrifications.

Les coquillages, qui naissent par myriades dans le sein de l'Océan, ont subi à sa retraite, un grand nombre de métamorphoses.

Quelquefois ils ont été engloutis par les commotions du globe, dans des couches entr'ouvertes : alors se trouvant, comme

Pompeyes et Herculanum, à l'abry des influences de l'atmosphère, ils se sont conservés dans leur intégrité.

Plus souvent, ils ont été posés par les vagues sur un sédiment encore ductile, où leur forme s'est imprimée : le cachet, dans la suite a été détruit ; mais le sédiment s'est consolidé ; et voilà une Empreinte.

Si quelque fluide d'une nature Lapidifique s'introduit dans la coquille, après la dissolution de l'animal qui l'habitait, et en remplit les interstices, peu à peu l'enveloppe usée par les frottements disparait; mais la substance hétérogène, qui en représente avec exactitude les cavités internes et les spirales, existe, et voilà un Noyau.

Mais, sous quelque forme que s'offre à nos regards un corps marin, qu'il soit dans son état naturel ou pétrifié, que l'imagination le dessine dans son Empreinte ou dans son Noyau, il n'en désigne pas moins le séjour des mers, sur le sol où on le ren contre. C'est une médaille, entre les mains du philosophe, qui atteste aussi surement les révolutions de la nature, qu'un relief ou une légende, sur une pièce d'or ou d'airain, atteste, aux yeux de l'antiquaire, le suicide d'Othon et les victoires de Trajan.

Des hommes de lettres, à qui leur imagination brillante semblait donner le droit de se jouer de tout, ont appellé ces médailles authentiques d'un monde renouvellé, des jeux de la nature; mais un examen attentif du monument montre le néant de ce système. Un coquillage pétrifié mis en regard avec un coquillage naturel, n'offre pas la plus légère différence sensible : on y voit la même direction des fibres, la même correspondance des volutes, le rapport le plus parfait des sutures et des mammelons : la gravité spécifique de la coquille antique, est exactement celle de son analogue, que nous pêchons sur nos rivages ; enfin de part et d'autre, ces productions marines analysées par la Chymie, offrent dans le creuset les mêmes résultats.

La fidélité dans les Pétrifications des poissons ou simplement dans leurs Empreintes, est aussi étonnante que dans l'organisation interne et externe des coquillages.

Il y a un canton de sept à huit lieues, dans le Margraviat d'Anspach, qui offre dans ses marbres des écrévisses pétrifiées : cette pétrification est d'une vérité, que ne rendrait pas sur le marbre le ciseau d'un Pigal ou d'un Phidias; on y voit, à l'aide d'un microscope, les restes de la tunique naturelle du poisson: ses antennes, cette partie si délicate, se trouvent si bien conservées, que, malgré une aussi prodigieuse métamorphose, on n'en voit pas un anneau, pas un article endommagé.

Dans d'autres contrées, on trouve des poissons pétrifiés dans des Schistes : si on fend le bloc latéralement, on observe, sur la partie intérieure des deux fragments divisés, la situation de l'animal marin, couché sur le flanc ou sur le dos. Ces dépouilles ont tant de vérité, qu'en faisant disparaître avec la lime une appendice de chair, qui s'étend sous leur croute, on découvre quelquefois leurs nageoires.

Si l'on doutait de l'exactitude de ces descriptions, je pourrais appeller en témoignage quelques-unes des belles gravures des MONUMENS DE KNORR : entr'autres le magnifique Brochet, trouvé dans un Schiste Calcaire, que le désinateur a tiré du cabinet de Gessner. J'ai fait graver un squelette de poisson non moins étonnant, qu'on voit empreint sur une ardoise. Les arrêtes s'y présentent dans toute leur perfection, à l'endroit où elles tiennent aux vertèbres : les vertèbres elles mêmes ont toutes leurs éminences et leurs enfoncements. Si c'est là un jeu de la nature, il faut avouer que l'œil le plus physicien balancera entre la copie phantastique et l'original.

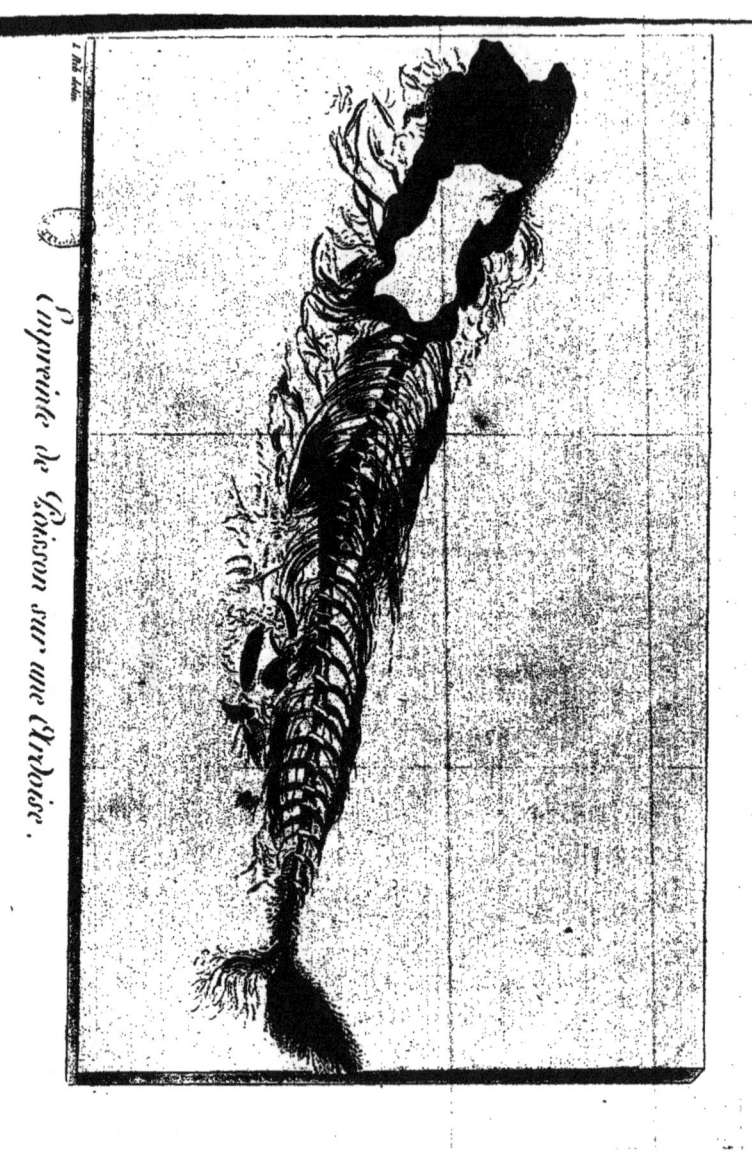

Empreinte de Poisson sur une Ardoise.

Les médailles marines dont nous parlons, sont d'autant plus à l'abry de toute falsification, qu'elles représentent très souvent, sur le sol d'un monde, des productions nées dans un autre. Tantôt ce sont des plantes, amenées de plusieurs milliers de lieues, par les vagues, comme les végétaux de l'Inde, qu'on a trouvés empreints sur les fossiles des environs de Saint Chaumont, où les Cierges de l'Orient sur ceux de la Silésie et des Cévennes : tantôt ce sont des fragmens d'arbres, pétrifiés dans des climats étrangers à celui qui les a fait naître, comme du bois de Santal rouge, des branches d'Aloës, et des troncs de Palmiers, dont des physiciens ont découvert les dépouilles solides dans nos contrées. Le fait le plus étrange est celui qui est consigné dans les MONUMENS de Knorr : il y a des blocs de marbre dans le Margraviat d'Anspach, où sont empreints des Cancres qui ne vivent qu'aux Molucques.

Ajoutons que ces médailles sont évidemment d'un Monde Primitif, puisque les productions qu'elles représentent paraissent quelques-fois sans analogues connus. C'est surtout parmi les coquillages, qu'on observe ce grand phénomène : nos vallées et nos montagnes sont pleines de Gryphites, de Belemnites et d'Ammonites, dont les espèces vivantes ont été anéanties. L'enveloppe de l'animal est dans le cabinet des curieux, et l'animal lui-même n'existe nulle part.

Et comme il s'est trouvé des Sceptiques, qui ont attribué à des causes accidentelles la dispersion de ces monumens, la nature a pris soin de les confondre, en les offrant entassés en nombre si prodigieux, qu'il ne reste plus, à cet égard, de subterfuge à l'incrédulité.

Les voyageurs naturalistes nous ont fait connaître les Pétrifications innombrables d'Alger, les masses de Strombites à Neustad,

les

les Dards de Hérissons, qui forment une seconde enveloppe à des roches, près d'Yverdun, la multitude inépuisable de Cornes d'Ammon, qui n'ont pas une ligne de diamètre, qu'on voit dans les sables de Bologne, et les Turbinites amoncelés à Mayence et à Francfort. Tous ces amas sont d'ordinaire homogènes, et sans interméde de terre végétale et de cailloux : ce sont les vagues, qui les ont évidemment déposés par lits, tandisque le sol qui les porte était un fond de mer. Il est impossible d'avoir une autre opinion, à moins qu'on ne sacrifie la physique à la théologie.

Et l'on peut juger de l'époque antique, où ces dépots marins ont été faits, par la profondeur de quelques-uns de ces lits de coquillages. On en a découvert, près d'Amsterdam, à cent pieds sous terre, et à plus de mille, au Comté de Pembrock dans la Grande Bretagne.

Ces productions de l'Océan sont entassées quelquefois, jusqu'à la hauteur de soixante pieds. Réaumur, l'historien des Insectes, qui a mis tant de génie à faire de petites découvertes, nous a fait connaître, au milieu de ce siècle, une masse de coquilles située en Touraine, qu'il évalue à cent trente millions six cents quatre-vingt mille toises cubiques. On sçait par le beau recueil des MONUMENS de Knorr, qu'il se trouve en Europe des Bancs de corps marins pétrifiés, qui s'étendent à deux cents lieues.

Ce livre de Knorr, fait d'après les observations ingénieuses des Raspe, des Gessner et des Margraaff, termine ses recherches par ces mots : LA MER A DONC ÉTÉ LE DOMICILE PRIMITIF DES ÊTRES VIVANTS, QUE NOUS TROUVONS AUJOURD'HUI ENSEVELIS SOUS TERRE, OU PÉTRIFIÉS DANS LES FLANCS DES MONTAGNES.

Ajoutons, par un voyage rapide sur les plaines de nos continents, quelques chapitres à cet Évangile de la nature.

ASIE.— Si nous partons de la Chine, située à l'extrémité Orientale de cette partie du monde, et que nous consultions l'historien des Huns, qui a écrit péniblement d'après les manuscrits Orientaux, un ouvrage plein d'érudition, qu'il était difficile de faire, et qu'il est encore plus difficile de lire, nous trouvons que, SOUS LE REGNE D'YAO, UNE GRANDE PARTIE DE CE VASTE EMPIRE ÉTAIT ENSEVELIE SOUS LES EAUX. Ses premiers héros, ainsi que l'Hercule primitif et l'Oannès de la Chaldée, creusèrent des canaux, procurèrent un écoulement aux eaux stagnantes, et méritèrent par là les honneurs de l'apothéose.

La Tartarie est pleine de lacs salés, de coquillages fossiles et d'antiques pétrifications, monument du séjour de l'Océan sur sa surface : comme on peut s'en convaincre, en parcourant les Mémoires du baron de Stiralemberg sur la Russie, Mémoires à la fois de la plus profonde érudition et de la plus saine philosophie, ce qui n'est pas incompatible.

Le Jésuite Tieffenthaler, a écrit en Latin une géographie de l'Indostan, après l'avoir parcouru pendant près de quarante années: et son ouvrage aride, mais précieux, atteste que cette belle contrée de l'Asie a encore été arrachée du domaine de l'Océan. On en peut juger par les belles Salines de Nasirabad et de Khevarn; par le Sel Gemme qu'on exploite à Behar, dans la province de Lahor, et par le lac salé, de vingt-quatre lieues Indiennes de circonférence, qu'on rencontre dans celle d'Adimer. Cette opinion est tellement celle des indigènes, que malgré les énormes rochers, qui ceignent la province de Cachemire, les Brames prétendent qu'elle était autrefois entièrement sous les eaux. Le bon Missionnaire, qui craignait l'Inquisition Italienne, n'ose décider, si l'époque de cette submersion de Cachemire, est antérieure au déluge;

Si l'on remonte l'Asie par le Nord-Ouest, on entre dans la Perse, pour voir cette monarchie de Cyrus démembrée de la mer Caspienne, ou de la mer des Indes, dans les ages primitifs: le Bruyn et les naturalistes Russes, qui ont parcouru de nos jours cette contrée ; où la nature fut toujours belle, et les peuples toujours esclaves, nous parlent du désert sablonneux de Sawa, qui fut autrefois un lac salé, d'arbres pétrifiés trouvés dans les Mines, que les Sophis font exploiter, et des rochers de Derbent, qui sont hérissés de coquillages.

Ce n'est que par son golfe, que la Perse est séparée de l'Arabie, vaste Péninsule qui s'aggrandit sans cesse, au dépens des mers qui l'environnent. Nichbur, qui l'a parcourue de nos jours avec d'autres naturalistes, sous les auspices du roi de Dannemarck, rend quelquefois témoignage à cette vérité éternelle. » Le rivage de la mer, » dit il, change ici, comme partout ailleurs :

» on rencontre, sur toute la Côte d'Arabie,
» des indices que l'eau s'en est retirée.
» Muza, par exemple, que tous les auteurs
» anciens désignent comme un port de
» l'Arabie heureuse, est actuellement à
» quelques lieues d'Allemagne loin de la
» mer. On voit près de Loheia et de Dsjidda,
» de grandes collines remplies de Corail,
» et de coquilles de la même espèce, qu'on
» trouve vivantes dans la Mer Rouge : et
» il y a, près de Suez, de toutes ces pro-
» ductions marines pétrifiées.

L'Arabie Pétrée confine à la Palestine.
Là, malgré le silence du Pentateuque, les
vestiges de la retraite des mers se manifes-
tent de toutes parts. Un fameux élève de
Von-Linné, que le roi de Suède y envoya étudier la nature en 1749, supplée à
cet égard à l'oubli de Moyse et de nos
Évangiles.

On apprend par ce voyage précieux
d'Hasselquist, que le Thabor et les mon-

tagnes de Jéricho et de Nazareth, sont de matière Calcaire : il en existe même d'autres, suivant l'auteur, QUE LA MER PARAIT AVOIR FORMÉES EN SE RETIRANT : de plus, toute la plaine que baigne le Jourdain, à l'Occident de son cours, est imprégnée de sel : enfin la Mer Morte a les mêmes pétrifications sur son rivage, que celles qu'on rencontre dans les lacs de l'Égypte qui sont à sec : cette Mer Morte va sans cesse en s'affaiblissant : elle deviendra, avant quelques siècles, un désert de sables, et l'Asphalte qu'elle produit, une carrière d'Ardoises.

La Phénicie et la Syrie, qui se prolongent comme la Palestine, entre les deux Péninsules de l'Arabie et de l'Asie mineure, sont encore des conquêtes de notre continent sur la Méditerranée.

Sans parler de la quantité prodigeuse de Coraux et de coquilles que, suivant les voyages de Shaw, on trouve, en creusant le sol de Nakoura dans la monarchie de Tyr, et des poissons pétrifiés, que Maraldi a vus, dans la Galerie de Florence, et qui venaient des montagnes inaccessibles du territoire de Byblos, nous sçavons par l'Anglais Maundrell, qui visitait les antiquités de la Phénicie en 1697, qu'à une certaine distance de la mer, au midi d'Arad, il existe une digue, de 90 pieds de large, taillée dans le roc, avec des dégrés faits de main d'homme, dans l'espace de plus d'un stade : « Il » est difficile, dit l'observateur, que les « eaux ayent jamais monté jusqu'à une pa- » reille hauteur, et encore plus difficile, » sans cette hypothèse, de comprendre » pourquoi ce rocher a été taillé en esca- » lier ».

La Syrie a été sous la mer, puisque les tombeaux de ses rois sont sur des éminences calcaires, péniblement excavées ; et que le Liban qui la partage, offre dans son cours des buissons de Corail et des squéletes de poissons pétrifiés : mais cet examen sera plus à sa place, quand nous parlerons des productions marines, qui hérissent la surface et l'intérieur des montagnes.

Palmyre, perdue pour l'histoire, depuis Zénobie, quoique la magnificence de ses ruines, dut à jamais la sauver de l'oubli, fut sans doute couverte des eaux, à la même époque que la Syrie : en effet, à trois ou quatre milles au Sud Est de cette ville célèbre, Robert Wood a trouvé une vaste vallée de sel, reste d'un lit de mer sur lequel toute cette contrée s'est élevée : ce Wood est le même, qui nous a donné sur Homère un ouvrage, où malgré la profondeur des recherches, tout son génie est conservé.

Il faudrait peut-être, pour completer notre voyage philosophique en Asie, revenir à l'Est, pour étudier le sol de l'Assyrie, et remonter ensuite au Nord, pour parcourir, avec les Pallas et les Gmelin, cette

Russie Asiatique, qui sert de bornes au continent vers la Mer Glaciale : mais il s'offrira, dans le cours de cet ouvrage, une occasion plus belle, pour faire l'anatomie de ces contrées, qui présentent tant de vestiges de leur séjour primitif sous les eaux : nous renvoyons cet examen à la discussion du beau problème de l'union de la mer Caspienne, d'un côté avec la mer Septentrionale, et de l'autre, avec la mer des Indes.

La vaste Péninsule de l'Asie Mineure doit, dans l'ordre de la géographie, terminer ici notre tableau.

Il existe une grande et magnifique preuve, que l'Asie mineure fut primitivement cachée sous les vagues des deux mers, qui baignent ses rivages : elle est consignée dans trois textes de Quinte-Curce, de Pline et de Strabon, qui ne séparent que par un Isthme les deux golfes d'Issus et d'Amisus, à l'Orient de la Péninsule, quoique l'intervalle soit occupé par les trois grands états de la Cilicie, du Pont et de la Cappadoce : nous ferons valoir bientôt une pareille autorité ; elle n'est pas faite pour occuper un rang subalterne dans une Histoire du Monde Primitif.

Quant aux preuves de détail, on ne peut être embarassé que du choix : deux suffiront ici : il est plus difficile au goût, qu'on ne pense, de réduire en quelques lignes ce que l'érudition demanderait à voir délayer en plusieurs volumes.

Un voyageur naturaliste, en parcourant la Chaîne à laquelle s'addossent Smyrne et Magnésie, écrivait en 1749 : « c'est un
» mélange de montagnes et de vallées, dont
» l'aspect ressemble aux vagues d'une mer
» orageuse : preuve évidente que la mer
» couvrait autrefois cette partie de notre
» continent.

L'historien Grec, Nicolas de Damas, atteste que, vers le temps des guerres de

Mithridate, il y eut en Phrygie aux environs d'Apamée, un tremblement de terre, qui fit jaillir une prodigieuse quantité d'eau de mer, que la terre renfermait dans son sein, et produisit au jour un grand nombre de poissons et de coquillages. Cette anecdote s'explique par une autre, qu'Hérodote a recueillie des écrivains primitifs : au rapport du père de l'histoire, avant qu'Acmon, père d'Ouranos, vint bâtir une ville sur les bords du Thermodon, la Phrygie n'était encore qu'un vaste lac, reste faible et mal sain de la diminution graduée des mers : or la Phrygie semble le pays le plus élévé de l'Asie Mineure : elle est précisément au centre de la Péninsule, à une égale distance de la Méditerranée et du Pont-Euxin.

AFRIQUE. J'ai déjà parlé du mouvement des mers d'Orient en Occident, qui a reculé les bornes Orientales des deux mondes : ces révolutions ont dû être encore plus considérables à l'Equateur que vers les Pôles, parce que le vent d'Est, qui augmente ce mouvement de la masse des eaux, souffle sans discontinuer sous les Tropiques; c'est aussi dans cette Zône Torride, qu'on voit le plus de vestiges de l'ancien séjour des mers : tantôt de hautes montagnes, formées par la direction de leurs courans, tantôt de vastes terreins de l'Asie et de l'Afrique, rongés, à une grande profondeur, par l'action de leur flux et de leur reflux ; tantôt de vastes Archipels, arrachés avec effort du continent, comme les Maldives, de l'Inde, et les Antilles du Nouveau Monde.

Quant aux détails particuliers sur l'Afrique, l'intérieur de ce continent nous est peu connu, ou ce qui revient au même pour le philosophe, ne l'est guères que par des fables.

Ainsi je me garderai bien de citer à l'appuy du grand principe de la retraite des mers, une ville de Bidoblo, que le naturaliste Lesser prétend qu'on découvrit en

1639, pétrifiée toute entière, hommes, animaux et plantes. Ce n'est pas en réscuscitant la fable de la tête de Méduse, qu'on peut se flatter de revivifier les ruines du Monde Primitif.

Il y a plus de vraisemblance dans la pétrification du Palmier, qu'on envoya d'Afrique en 1692, à l'abbé de Louvois. L'académie des sciences en admira la stucture des fibres, l'organisation de l'écorce : seulement on pourrait douter, si le suc lapidifique, qui avait donné à cet arbre la dureté du marbre et sa transparence, venait de la mer plutôt que d'une rivière.

Ce qui est d'une plus grande vérité historique, c'est que, suivant Shaw, dont les voyages ont une grande autorité, les sables mouvants, qui sont dans le voisinage de Ras bem, au royaume de Barca, sont pleins de productions marines, pétrifiées : il a trouvé aussi, sur les éminences de la Barbarie et dans les collines de la Lybie, beaucoup d'Oursins de mer, de Hérissons et de coquilles bivalves, pareilles à celles qu'on pêche aujourd'hui dans la Mer Rouge.

Un autre témoignage que le physicien ne recusera pas, c'est l'organisation des marbres et des Porphyres à coquilles, que l'ancienne Rome a tirés de l'Afrique, et dont elle s'est servie pour des monumens, qu'on voit encore debout, malgré le temps, l'épée des Vandales, et le despotisme féroce des Papes inquisiteurs.

Il existe trois grandes preuves, que le continent, qui arrête en ce moment nos regards, a été sous les eaux : l'un est que l'Égypte est l'ouvrage du Nil : l'autre que l'Éthyopie fut autrefois une contrée maritime, et la dernière, que l'Afrique elle-même depuis l'Équateur jusqu'au Cap de Bonne-Espérance, c'est-à-dire dans un intervalle de près de neuf cents lieues, ne s'éleva long-temps au dessus de l'Océan, que par les Pics de ses montagnes. Ces trois beaux problèmes trouveront leur solution, quand le fil de nos principes nous conduira à nous occuper de la retraite lente et graduée des mers, base de notre géographie philosophique du globe.

EUROPE. — Ce n'est point Anacharsis, c'est un simple géographe qui va faire le tour de l'Europe. L'homme de goût y perdra sans doute, parce que la sphère de nos observations sera très-circonscrite. Au lieu du siècle de Périclès, nous n'aurons à parler que d'un siècle perdu dans la nuit profonde de la Chronologie : le tableau varié de la raison, qui s'avance avec les arts sur la scène du monde, fera place au spectacle triste et monotone d'une mer qui se retire : nous ne substituerons aux Propylées d'Athènes, à l'Apollon du Belvédère ou à l'Iliade, que des vallées de sel, des poissons pétrifiés et des coquilles : mais aussi nous pallierons, à force de brièveté, le peu d'intérêt de ce voyage. Anacharsis a mis la la Grèce en sept volumes, et nous mettrons l'Europe entière en quelques pages.

La Grande-Bretagne, la première contrée de l'Europe qui se présente à nos pinceaux, offre sur son sol des vestiges manifestes de l'ancien séjour de l'Océan : tels que des dépouilles de hérissons de mer, dans les Bancs Calcaires de Kent, de Surrey, d'Essex, de Hartford et d'Oxford. Wodward les a rencontrés, en descendant à cent pieds dans les carrières. Le naturaliste Ray a observé d'autres coquillages, jusqu'à mille pieds de profondeur, dans les rochers, qui bordent l'Isle de Caldé, et dans la province de Pembroke.

Un physicien de Genève a fait, de nos jours, une découverte non moins étonnante dans l'Isle de Sheppey, à l'embouchure de la Tamise : il y a recueilli des Nautiles, avec leur nacre et leurs cloisons parfaitement conservés. C'est un coquillage qui n'existe que dans les mers des Indes Orientales.

La physique, qui ne serait cultivée nulle part, si elle ne l'était dans la patrie des Boyle et des Newton, a découvert que le sol de l'Angleterre s'exhaussait de jour en jour. Winchelséa, que la mer submergea, il y a quelques siècles, est aujourd'hui à l'abri de ses fureurs. Les chênes et les sapins énormes qu'on a trouvé enterrés, à une grande profondeur, dans un marais du Comté de Lincoln, ajoutent encore à l'induction qu'on doit tirer de l'ancien désastre de Winchelséa. Il est infiniment probable que le sol de cette Isle continuant à s'exhausser, à mesure que la mer abandonne ses rivages, il ne s'écoulera qu'un petit nombre de siècles, jusqu'à ce que les montagnes de Calais rejoignent celles qui leur correspondent dans le Comté de Kent. Alors le Détroit sera comblé, et la nature, réunissant ce que la politique divise, destinera la Grande Bretagne à n'être qu'une province de l'empire Français.

Si c'est en remontant par le Nord, qu'on veut faire le tour de l'Europe, les premières contrées qu'on rencontre, en quittant la Grande Bretagne, sont le Dannemarck, la Suède et la Norwege.

Il ne faut que jetter les yeux sur la configuration du Dannemark, qui n'est composé que de deux grandes Isles, de plusieurs petites, et de la Péninsule du Jutland, pour voir que cette monarchie conquise, depuis un petit nombre de siècles, sur les mers qui l'environnent, tend sans cesse à se réunir d'un côté à l'Allemagne et de l'autre à la Norwege.

La Norwege elle-même n'offre, avec une partie de la Suède, qu'une grande Presqu'Isle, qui s'est élevée insensiblement au dessus de la mer du Nord, de la mer Baltique et du golfe de Bothnie. Cette vaste contrée ressemble assés à l'Italie par sa forme extérieure, par les révolutions physiques qu'elle a dû essuyer, et par les pro ductions marines qu'elle renferme dans son sein : ici, pour être philosophe, il suffit d'être géographe.

La Suède sur-tout atteste son origine, par les vingt trois lacs qui couvrent sa Gothie, par les douze cents quatre-vingt dix Isles, que renferme son Uplande, et par la caverne de son mont Balsberg, où le fameux Von Linné vit, dans une étendue de demie lieue, les rochers qui la composent, remplis de coquillages, de Coraux et de Madrépores, productions pour la plupart étrangères aux mers de l'Europe.

Ce Von-Linné, le Newton de la Botanique, s'est réuni de nos jours avec Calm, Celsius et douze autres physiciens du Nord, pour démontrer, que toutes les monarchies Septentrionales de l'Europe furent autrefois sous les eaux : nous jetterons un coup d'œil sur leur travaux, en recherchant comment la Mer Glaciale, le golfe Persique, la Mer Rouge, et la mer des Indes, jointes ensemble, à l'époque des premières monarchies, ont fini, par ne laisser d'autre vestige de leur union que le petit bassin de la mer Caspienne.

La Russie, grace aux voyages philosophiques des académiciens de Pétersbourg, ne trahit pas moins le secret de son ancien séjour au fond de l'Océan, que la Suède et le Dannemarck.

Gmelin a trouvé une quantité innombrable de corps marins, dans des couches d'argile aux environs de Moscow : Pallas les a vu pétrifiés en masse, le long des deux rives de l'Okka et du Volga : et, en général, toute la contrée qui s'étend de Nowogorod à Pétersbourg, est composée de pierres Calcaires, où le suc lapidifique a incorporé des Pinnes, des Cames, des Cornes d'Ammon et d'autres coquillages.

On connait les beaux Millépores pétrifiés, que la main du temps a incrustés, dans les pyramides naturelles de roches Calcaires, qu'on voit sur la route de Pawlousk à Woronès.

Mais nous réservons la majeure partie des preuves de ce genre, quand nous établirons la doctrine de la retraite lente et graduée des mers de l'Europe.

Si je quitte la Russie pour entrer en Pologne, je trouve cette fameuse Mine de sel de Wiliska, monument authentique de l'ancien séjour de la mer sur cette belle contrée, que son aristocratie royale rend depuis si long-temps malheureuse : ce grand phénomène de l'ancien monde a été décrit avec soin par Coxe, dans son voyage au Nord, et pour Guettard, dans les mémoires de notre académie.

Il faut d'abord observer, que le terrein des environs de Wiliska, est un sable mêlé de corps marins, et que les premiers bancs de la Mine sont d'une espèce de glaise ondulée, qui n'a dû sa configuration qu'au balottement des flots.

De plus la Mine Polonaise est appuyée contre la Chaîne des monts Karpacs, le long de laquelle la mer a déposé une quantité incroyable de fontaines salées, dans l'espace d'environ cent lieues.

Il semble qu'on ne puisse expliquer l'organisation de la Mine de Wiliska, qu'en supposant que les vagues, arrêtées par les montagnes qui leur servaient de barrière, ont, par un séjour de plusieurs siècles, laissé déposer le sel dont elles étaient imprégnées : du moins c'est l'hypothèse consignée dans les mémoires de l'académie.

On peut juger de l'effroyable quantité de ce sel Gemme, qu'on exploite avec le même succès depuis plus de 600 ans, puisque la profondeur perpendiculaire de la Mine est de mille pieds, et que les galeries se prolongent, à près de trois lieues, sous trois montagnes.

Il est inutile, quand on s'est étendu sur la Mine de sel de Wiliska, de s'appésantir sur celles de la Hongrie et de la Moldavie ; de copier les mémoires du temps, sur le grand arbre pétrifié d'Hilbersdorf dans la [...], qu'on trouva enseveli en 1751, dans onze couches de terres différentes ; ni même de parler du chêne métamorphosé en sel, qu'on découvrit le siècle dernier, près d'une source salée de la Transylvanie.

Nous sommes sur la route de l'empire Ottoman, et de ces belles contrées du Péloponèse et de l'Archipel, enlevées, par le despotisme et le fanatisme réunis, à la postérité abâtardie des Miltiade et des Philopœmen : le peu d'élévation de cette région médiocrelle au dessus des bassins qui l'entourent, les substances marines qui forment la charpente calcaire de ses montagnes, tout, jusqu'au nom de Pélasgie, donné à l'ancienne Arcadie, à celui de Pélagonie que portait une grande province de la Macédoine, à celui de Pélasges enfin, dont s'était honoré le peuple primitif de ses anciennes monarchies, tout, dis je, annonce, aux yeux non prévenus, que la mer céda ce bel empire aux Grecs, avant que ceux-ci le cédassent aux Sultans : mais nous en réservons les preuves de détail, quand nos pinceaux s'arrêteront sur cette Méditerranée, qui cacha, pendant tant de siècles, dans ses abymes, la patrie d'Homère et les états d'Alexandre.

Je traverse le golfe Adriatique, qui sépare les deux empires chancelants des Sultans et des Papes, et je fais aborder ma nacelle philosophique en Italie.

La seule inspection de cette Péninsule, qui ne tient au continent que par la Chaîne des Alpes, par laquelle elle est limitée au Nord-Ouest, annonce d'abord son origine.

Si j'examine en détail les nombreux états, qui se sont formés des débris de ce centre de l'Empire Romain, mes conjectures ne tardent pas à se convertir en certitude.

Je vois le Piémont, se glorifiant de son

marbre gris tacheté de coquilles, et offrant, dans ses collines de marbre, les pétrifications de ses Madrépores.

L'académicien des sciences, Maraldi, apporta de Vérone, vers 1703, des fragmens de roches blanchâtres qui se fendent par feuilles et renferment des poissons pétrifiés dans leurs noyaux. Le célèbre Ferber, environ 70 ans après lui, vit l'empreinte d'une Murène de trois palmes de long sur du Schiste Calcaire, tiré de la colline de Bolca, dans le territoire de cette ville. On n'a pas oublié, dans cette même Vérone, qu'en 1517, on trouva toutes sortes de coquilles pétrifiées, dans le rocher, sur lequel repose la citadelle de Saint-Félix.

Bologne ne le cède point à Vérone, dans ce genre de monumens, qui offrent pour la physique la même authenticité, que les écrits de Polybe et de Tacite pour l'histoire.

Beccari, un des physiciens les plus ingénieux de l'Italie, s'avisa un jour d'analyser le sable des environs de Bologne, qu'on foulait aux pieds, depuis plus de trente siècles, sans se douter qu'il fut de quelque prix pour l'histoire naturelle. Après plusieurs procédés chymiques, pour le dépouiller parfait de tout ce qu'il pouvait avoir d'hétérogène, il fut bien surpris, quand, à l'aide du microscope, il y découvrit un amas immense de coquilles orbiculaires, ayant des circonvolutions spirales, tournées sur elles-mêmes, et diminuant par degrés jusqu'au centre. C'étaient de vrayes Cornes d'Ammon, mais dans leur germe; car les plus grosses n'excédaient pas les trois quarts d'une ligne, et cent des moyennes ne pesaient pas entre elles toutes au delà d'un grain. L'expérience fut répétée devant le comte de Marsigli, et les deux sçavants se réunirent à déclarer que ce sable était vraiment un amas de coquilles. Ce qui rendait le phénomène encore plus étrange, c'est que l'espèce de Cornes d'Ammon, qu'in voyait en infiniment petits dans le sable de Bologne, ne se trouvait dans son volume ordinaire que dans la mer des Indes.

Si de Bologne on descend en Toscane, on n'est pas moins tenté, en foulant ce nouveaux sol de mer, de croire qu'on a eu pour ancêtres des Tritons et des Néréides.

Le physicien de Saussures observait avec étonnement, autour des collines argileuses de cette contrée, qui répond à l'ancienne Étrurie, des vallées si remplies de coquillages fossiles, que le sol en était rempli dans de grands intervalles.

On connait les Hérissons pétrifiés de Sienne : Ferber, à la vue de la quantité d'Echinites, de Belemnites et d'autres coquillages de ce genre, ne balance pas à déclarer que la mer, par ses dépôts successifs, a organisé les collines de son territoire.

Nous savons par Stenon, que les remparts de la ville de Volterre bâtis, il y a plus de 2500 ans, sont composés d'une pierre, qui n'est elle-même qu'un amas de coquillages.

Depuis la Campagne de Rome jusqu'à l'extrémité de l'Italie, on rencontre encore des indices du séjour de la mer : tels que le terrein argilleux des environs d'Ostie, qui renferme tant d'écailles de coquilles : mais tout ce sol a tellement été dénaturé par les éruptions Volcaniques, qu'il est difficile de reconnaître les productions des eaux, au travers des ravages du feu. Au reste les montagnes ardentes de cette Italie Méridionale attestent elles mêmes, qu'elles ont eu les eaux pour base, dans des temps antérieurs, comme il semble démontré dans notre histoire du Volcanisme.

Nous ne pouvons rentrer dans le continent que par la Suisse, et c'est ici surtout que triomphe notre théorie.

La Suisse n'est qu'un vaste massif, qui soutient la charpente des plus hautes montagnes de notre continent : or, s'il est démontré que les eaux ont atteint, dans les ages primitifs, les Pics inaccessibles dont cette Suisse est hérissée, il résulte tout naturellement des loix de l'équilibre des fluides; que l'Océan a couvert un jour toutes les parties planes de l'Europe.

Eh bien, ce principe, tout paradoxal qu'il paraît d'abord, n'est plus un problème aujourd'hui, grace à tous les physiciens distingués qui, depuis Gruner jusqu'à de Saussures, ont soumis les Alpes au calcul de leur génie et à leurs crayons.

Il est bien avéré, qu'on voit, depuis douze cents ans, des traces de la diminution graduée des lacs de Genève et de Neufchatel, restes de l'antique Océan, qui battait de ses vagues les Alpes primordiales.

Il est avéré, qu'on rencontre à chaque pas des cailloux roulés sur le Jura: qu'on voit les sillons des eaux sur le Grand Salève; et que les vestiges des anciens courants,

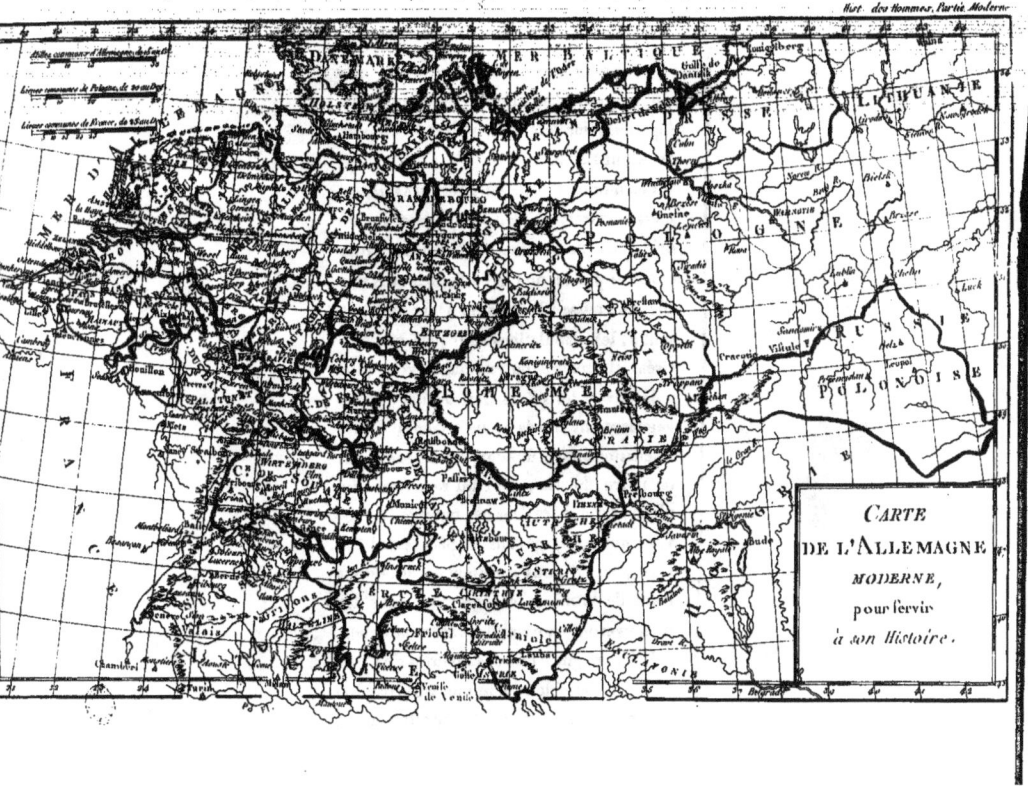

sont empreints jusques sur le Granit des Aiguilles, sur lesquelles s'élève le colosse du Mont Blanc.

Les monumens de ce grand travail des mers, conservent bien mieux leur forme originelle sur des Pics inaccessibles, que dans des plaines que la faulx du temps mutile sans cesse : là les angles ont plus de saillie, les ondulations sont plus caractérisées, la nudité du roc laisse voir plus à découvert les sillons horizontaux que les vagues y ont tracés : mais comme cette discussion amène une des preuves majeures de notre théorie, nous lui réservons une place particulière dans cet ouvrage. Achevons notre voyage dans les plaines de l'Europe, et s'il nous reste encore quelques traits de lumières à regretter, nous les retrouverons en escaladant ses montagnes.

L'Allemagne, une des contrées de l'Europe, qui semble le moins partagée par des Chaînes primitives, peut, par cette raison être revendiquée par l'Océan, comme un de ses plus anciens appanages.

Le comte de Marsigli a trouvé du sel fossile dans les plaines qui avoisinent le Danube, et d'autres physiciens, le squélette d'un Crocodile crystalisé, dans la Thuringe.

Il y a dans le voisinage de Hall en Saxe, des lacs salés, dont le sable, comme celui de Bologne, ne semble qu'un amas de coquillages.

Le célèbre Leibnitz a observé dans beaucoup de Cercles, et surtout dans le comté de Mansfeld et aux environs d'Osteroda, dans le duché de Brunswich, des veines d'ardoises horisontales, où sont les Empreintes de plantes et de poissons, dont les analogues ne se retrouvent que dans les Indes.

Le citoyen de Genève, de Luc, qui faisait en 1776, un voyage philosophique dans la Westphalie, a joint son autorité à celle du Descartes de l'Allemagne.

Tantôt

Tantôt, des coquillages bivalves de mers étrangères lui ont paru incorporées, dans la roche Calcaire des collines voisines d'Osnabruck.

Tantôt, on lui a montré un grand nombre de Cornes d'Ammon et de Belemnites, tirés des plaines de sables, qui bordent les rives du Weser.

La multitude de fossiles marins, du genre des Échinites et des Hérissons, amoncelés dans un terrein vierge, lui ont fait regarder, comme un ancien fond de mer, tout le territoire de Stade, de Zell, de Hambourg, de Lunebourg et d'Hanovre.

L'hypothèse acquiert une nouvelle force, quand on porte l'analyse chymique sur le sol, où repose l'étonnante monarchie de la Prusse.

Tous les naturalistes connaissent le sel gemme de la Poméranie : ils ont vû, dans les recueils de minéralogie, le beau Belemnite, incrusté dans un fragment de marbre brun, trouvé, il y a un très-petit nombre d'années, dans une glacière de la capitale du grand Frédéric.

Sack, un académicien de Berlin, qui parcourait, en 1744, le duché de Magdebourg, vit dans un chemin creux, situé à mille pas d'Orsleben, une carrière entière de productions marines pétrifiées, les unes dans leur intégrité, les autres sous la forme d'Empreintes : il y en avait de toutes les mers : il y recueillit en particulier une Corne d'Ammon de la première grandeur ; on regrette, en lisant la dissertation, de voir dans l'observateur, un transfuge de la physique, qui veut expliquer ce grand phénomène par le déluge.

Lehman, l'illustre Lehman, bien plus riche en découvertes que Sack, n'est guères plus heureux en interprétation : au reste, mon but n'est ici que de rassembler des faits, et ce n'est point par une critique, qui pèse également à mon cœur et à ma

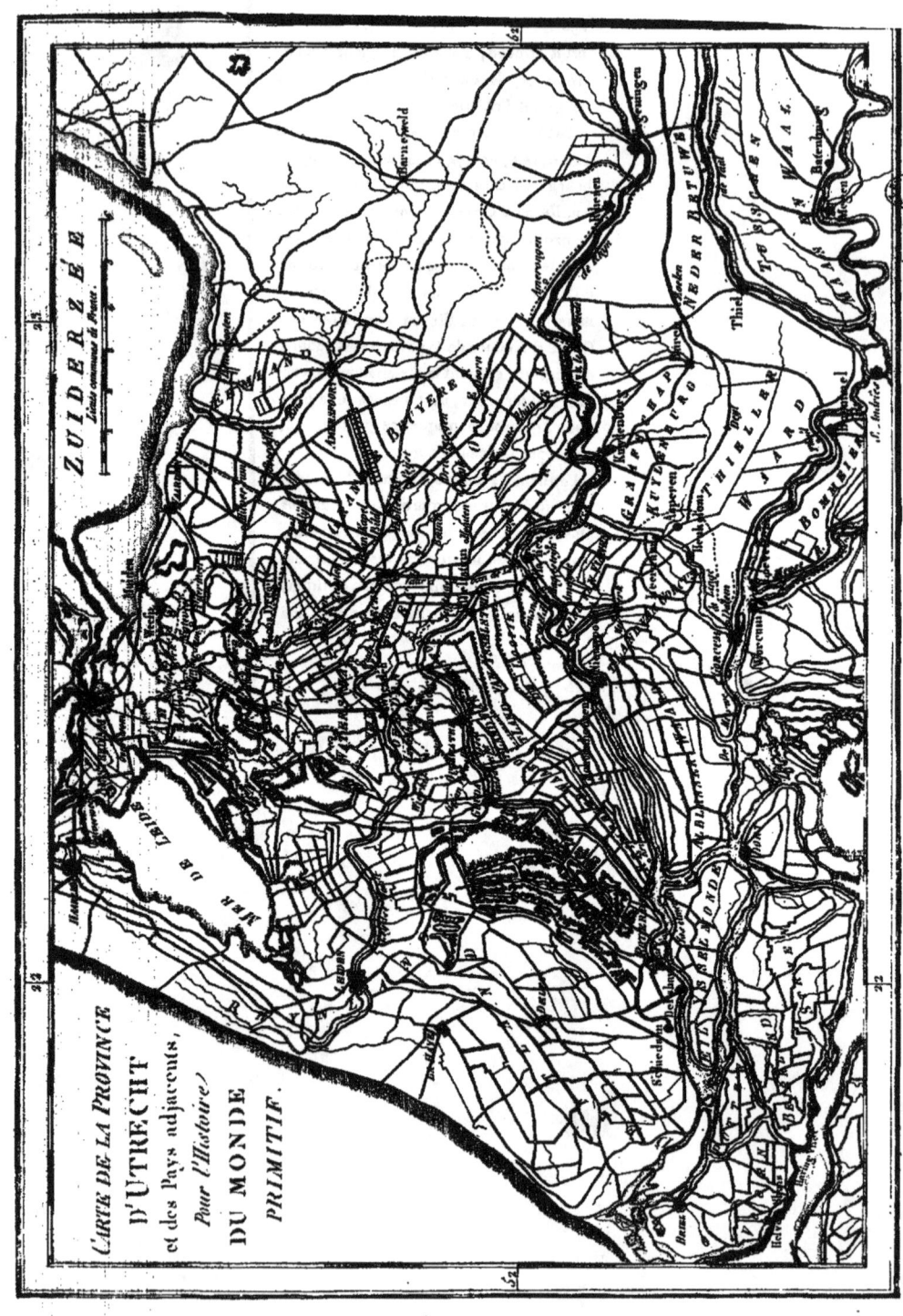

plume, que je charmerai les ennuis de mon voyage.

Lehman a trouvé la Marche de Brandebourg, très-féconde en production des mers: les Fungites, les Entrochites, les Coraux pétrifiés naissaient sous ses pas : il a surtout admiré des Empreintes parfaites de poissons, dans une pierre rouge feuilletée, sur laquelle semble assise cette fameuse citadelle de Custrin, une des Bastilles de la Prusse.

Custrin nous ramène, par la Westphalie, dans cette riche contrée des Provinces Unies, que ses habitants ont conquise sur les eaux, et où ils se sont créé une patrie, malgré les vagues de l'Océan, les buchers de l'Inquisition et le despotisme dévorant de l'Espagne.

L'Isle de Dordrecht, la première ville de la Hollande Méridionale, et une des plus riches en coquillages pétrifiés, n'existe, comme on le sçait, que depuis la nuit du

18 novembre 1421, époque d'une inondation effroyable, qui engloutit 72 villages, et fit périr plus de cent mille hommes.

La Zélande est un Archipel, que ses dunes et ses digues protègent à peine contre les fureurs de la mer, qui revendique sans cesse son ancien patrimoine.

Les vestiges d'une invasion peu ancienne de la mer du Nord s'offrent dans la Frise : elle en a pour monument deux Isles, qui ont été arrachées avec violence de la terre-ferme.

La plaine entière, qui est au Sud d'Harwich, est évidemment un produit de la mer; comme on peut s'en convaincre par la nature de ses couches Calcaires, et par ses détriments de coquilles.

J'ai parlé ci-devant d'une excavation faite à Amsterdam, où l'on trouva des productions marines à 100 pieds de profondeur; et il résulte, de cette seule induction, que le terrain de la province s'est élevé de ces cent pieds, par les sédiments de la mer : mais ce serait me défier de l'intelligence des lecteurs, que de m'appésantir sur cette partie de mon voyage : il n'est pas plus évident qu'un récif de Corail est une production marine, qu'il ne l'est, que la Hollande est une province, arrachée par l'industrie humaine à l'empire de l'Océan.

Entrons par la Flandre dans notre monarchie, et voyons, si la mer a aussi manifestement empreint sa marche, dans la patrie des Fénélon et des Montesquieu, que dans celle des Ruyter et des Barnewelt.

» Auprès de Bruges en Flandre, dit
» notre Pline, si l'on fouille à 40 ou 50
» pieds de profondeur, on trouve une grande
» quantité d'arbres, aussi près les uns des
» autres que dans une forêt : les troncs,
» les rameaux et les feuilles en sont si bien
» conservés, qu'on distingue aisément les
» différentes espèces d'arbres : il y a cinq
» cents ans que ce sol était une mer...Il a

» été enseveli sous les vagues, qui y ont
» amené 40 ou 50 pieds d'épaisseur de terre,
» et ensuite les eaux se sont retirées.

Dans toutes les provinces de la France, où le sol a été fouillé à une certaine profondeur, on a trouvé des traces du séjour primitif de l'Océan : telles que les coquilles amoncelées, et les ouvrages des Polypes de mer, qui sont les Coraux et les Madrépores.

Les preuves de ce genre sont sans nombre autour de la capitale : tout le monde connait les bancs de coquillages, qui sont dans les carrières d'Issy, de Sève et de Passy; on ne peut aller à Villers-Cotterets, sans voir les Pierres Lenticulaires, qui forment l'essence de ses rochers. La surface des Silex de Bougival est incrustée de Madrépores.

La Normandie offre des Fongites ou Champignons Marins, dans quelques-unes de ses carrières de Tufau. Ces fossiles pétrifiés sont devenus de la nature de l'Agathe.

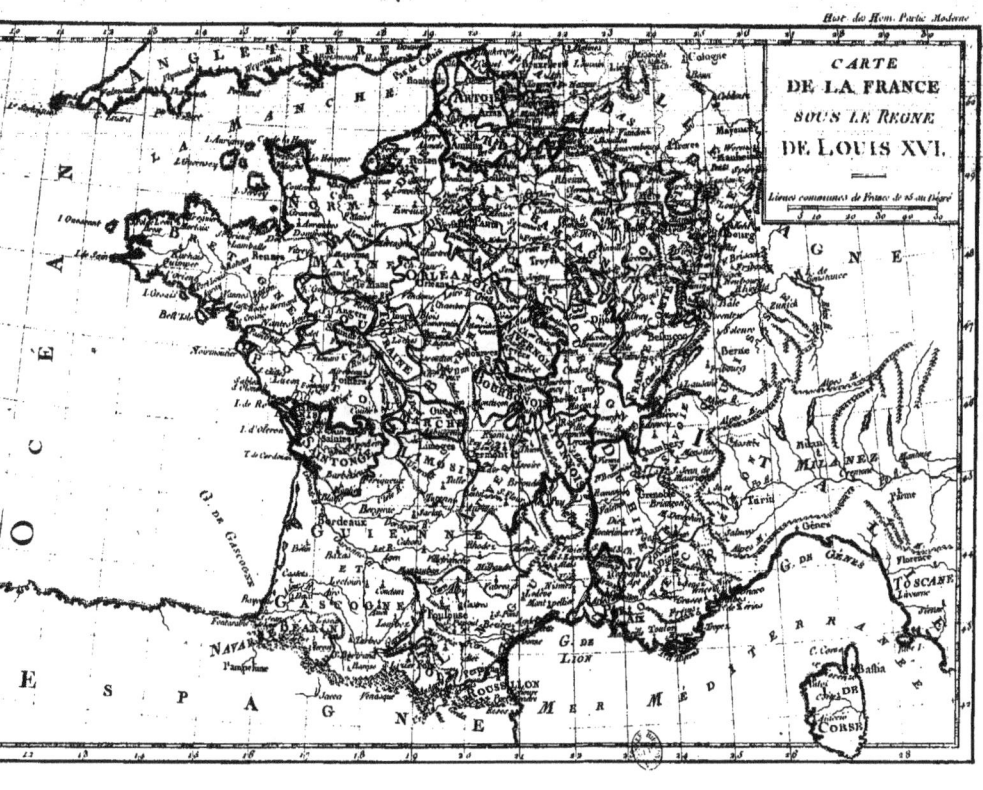

Les productions des insectes de mer, qu'on connaît sous le nom d'Astroïtes, semblent constituer essentiellement la base des masses Calcaires, des environs de Mortagne, des collines de Toul et de Verdun en Lorraine, des carrières abondantes de Dax en Gascogne, et de l'abbaye de Molesme en Champagne.

On voit à Ficin en Bourgogne, une carrière d'une espèce de Porphyre qui n'est composé que de Pointes d'Oursin : c'est de cette pétrification marine, qu'on a bâti à Dijon, les gradins du pied d'estal de la statue de Louis XIV.

Le bailliage d'Orgelet, en Franche-Comté, est riche en productions marines tirées de ses carrières. On conserve encore, dans le cabinet de la maison de Marnesia, un des Astroïtes qu'on en a tirés ; il est de forme sphérique et a plus de quinze pouces de diamètre : on y distingue encore les trous et même les coquilles des Pholades, qui le percèrent, tandis que ce fossile était encore au fond des mers.

J'ai déjà parlé, et je parlerai encore de la fameuse Falunière de la Touraine, qui forme un massif de cent trente millions six cents quatre-vingt mille toises cubiques, tout entier de coquillages.

Une des merveilles, qui accompagne l'ancien séjour de la France sous les eaux, c'est la quantité qu'on y trouve soit de végétaux d'un autre continent, soit de coquillages étrangers ou sans analogues connus : tels que la Pierre Lenticulaire, la Judaïque, la Corne d'Ammon, et les vertèbres des Grandes Étoiles.

Cette découverte est due à la sagacité du célèbre Bernard de Jussieu. Cet académicien visitait, en 1718, les mines de charbons de terre de Saint Chaumont dans le Lyonnais : on lui montra une grande quantité d'une espèce d'ardoises, dont les feuillets portaient, sur leur superficie, la représentation d'un bout de tige ou de feuilles d'arbres, tantôt isolées, tantôt se croisant en diverses directions. Il lui fut aisé, en étudiant leurs formes avec attention, de s'appercevoir, que les plantes, dont les débris étaient gravés dans ces ardoises, ne naissaient que dans l'Asie ou dans les climats chauds du Nouveau Monde; son étonnement redoubla, quand il découvrit dans une pierre, une Empreinte parfaite, avec la graine pétrifiée, d'une feuille de l'Arbre Triste, ainsi nommé, parce qu'on prétend qu'il ne fleurit que dans les ténèbres: cet arbre est indigène de l'Inde, et croît en abondance aux environs de Pondicheri.

Vers la même époque, on fit passer à ce grand Botaniste une pétrification des environs de Montpellier, formée de petits Parallelipipedes, terminés aux deux extrémités de leur longueur par des triangles isocèles; et en visitant à Paris la salle des squéletes du Jardin Royal, il apperçut une mâchoire du poisson, auquel ces dents pétrifiées appartenaient. Ce poisson ne se trouve que dans les mers de la Chine.

On sent combien il serait absurde de supposer, que les mers de l'Inde ou de l'Amérique sont venues en France former les Empreintes de Saint Chaumont, ou la matière pétrifiée du poisson de Montpellier : il est bien plus simple de remonter par l'imagination, au temps primitif, où l'Océan couvrait de ses vagues toutes les parties planes des trois mondes : alors une température égale régnait au fond des abymes : il n'y avait peut-être dans les Zônes Tempérées, ni végétaux ni poissons indigènes : ou du moins, la mer plus libre amenait sans obstacle les poissons de la Chine sur les côtes de notre moderne Méditerrannée, et ramenait les plantes des Alpes aux flancs du Caucase.

Il n'en est pas de la découverte de

Jussieu, comme de la dent d'or de Silesie; on peut, avec d'autant plus de sureté, raisonner sur ses résultats, que d'autres suffrages en garantissent l'authenticité.

Le premier médecin, le Monnier, a trouvé des Impressions de Fougères, inconnues aux Botanistes, dans le Schiste, qui traverse un massif de charbon de terre en Auvergne.

Parmi cette foule de Cornes d'Ammon, dont on ne connait les analogues, que par les rêveries des poëtes, qui leur donnent pour Type, les cornes du Jupiter qu'on adorait dans la Lybie, on distingue une espèce de Nautile, poisson très-industrieux, qui vogue sur les mers, à l'aide de deux avirons naturels, conduisant, comme pilote, sa coquille qui lui sert de galère : or ces Nautiles, originaires de la mer qui baigne la côte de Coromandel et l'Isle d'Amboyne, se rencontrent quelquefois pétrifiés dans la Basse Normandie : » la mer des Indes, dit à ce

» sujet Fontenelle, a donc couvert l'Eu-
» rope : cette grande révolution, si peu
» vraisemblable, hormis pour les philo-
» sophes, est de jour en jour attestée par
» des monumens authentiques, et par des
» espèces d'histoire, écrites de la main
» même de la nature.

En 1788, un physicien de Viviers a trouvé au village de Saint Montaut, à une lieue de la ville qu'il habite, dans une montagne calcaire très-élevée, des huitres à perles, de la nature de celles qu'on pêche dans le golfe de Perse : C'EST BIEN LE CAS, dit-il, dans la lettre où ce fait est consigné, D'ADMETTRE LE SÉJOUR DE LA MER EN LANGUEDOC.

En un mot, si l'on jette les yeux sur la Carte physique de la France, publiée par Buache en 1770, on ne pourra se dissimuler, qu'il fut un temps où la Touraine, le Maine, la Champagne, le Lyonnais et toutes les provinces, que baigne aujourd'hui la Méditerranée, étaient un fond de mer : la Bretagne et une partie de la Normandie, formaient, à cette époque, une Isle de roche Granitique : les Alpes de la Bourgogne élevaient leurs cimes au dessus des vagues, et mille Volcans en explosion dévastaient les Péninsules du Vivarais et de l'Auvergne.

Je voudrais terminer mon voyage en Europe par le Portugal et l'Espagne : mais il n'est pas encore permis au physicien de respirer dans cette atmosphère de despotisme et de fanatisme : Moyse y tient lieu de tous les Cosmologistes; et sans l'ingénieux Bowles, à peine sçaurions-nous que ces belles contrées ont une histoire naturelle : au reste, il suffit de jetter les yeux sur cette vaste Péninsule, baignée de tout côté par les mers, excepté du côté des Pyrénées, pour se convaincre, qu'elle a été autrefois un des domaines de l'Océan Atlantique : d'ailleurs on sçait, que les roches Calcaires des montagnes de Portugal sont remplies de coquilquilles, et que la mer se retire journellement en Espagne, de Blanes et de Bada-lona, vers l'embouchure de la rivière Vo-bregat, et du côté du Cap Tortose, le long des côtes de Valence. Buffon dit en propres termes, que TOUTES LES CÔTES D'ESPAGNE ET DE PORTUGAL SE SONT ÉTENDUES EN CIRCONFÉRENCE : il faudra donc bien, malgré la violence des courants du détroit de Gibraltar, qu'un jour la communication de l'Océan et de la Méditerranée étant interceptée, l'Espagne se réunisse à l'Afrique.

AMÉRIQUE.— Il semble qu'au défaut des monumens de l'histoire, la simple inspection d'une Carte géographique devrait suffire, pour constater le séjour de l'Océan sur ce monde, qui dans l'ordre des grandes époques de la nature, n'existe que d'hier.

L'Amérique est encore toute couverte de mers Caspiennes : ici c'est le Lac Supérieur, qui a 125 lieues de long, sur 50 de large : là ce sont les Lacs Huron et des Illinois, qui en ont cent dans une direction, et quarante dans l'autre ; ailleurs, les lacs de Nicaragua et des Assiniboils le disputent en étendue aux lacs Érié et Ontario, qui en ont quatre-vingt. Je ne parle pas de ces grands Bassins, qui conservent une communication avec l'Océan, et qu'on nomme Mer Vermeille, Mer de l'Ouest, Baye de Baffin et Baye d'Hudson. Le plus énorme de tous, est assurément le golfe du Mexique, qui fut autrefois une vraye Méditerranée, avant que l'Océan Atlantique eut déchiré en tout sens la Zône de terre continue, qui se prolongeait, de l'embouchure de l'Orénoque, à la Floride, affin d'en former l'Archipel des Antilles.

L'Amérique était encore un monde si neuf, à l'époque de sa conquête, que presque dans toute son étendue, la terre y était couverte d'eaux stagnantes et imprégnées d'un sel qui, élevé en vapeurs par l'action du Soleil, allait se crystalliser sur les feuilles de Manglier. Comme la civilisation, dans ces contrées, n'était pas encore assés avancée, pour que des Hercule sçussent y creuser des lits aux fleuves, les émanations fétides de ces restes de l'Océan y causaient toutes les années des épidémies.

Il existe encore en Amérique des pays, tels que la Guyane, qui, par la prodigieuse quantité d'eaux courantes ou stagnantes qu'ils renferment, par les Savanes noyées qui bordent leurs côtes, par les grèves couvertes de vase, qui descendent en pente douce jusqu'aux bords de la mer, annoncent assés la retraite lente de l'Océan, à une époque, qui n'est pas même inaccessible à l'histoire.

On sçait, par Herréra, que la grande Péninsule d'Yucatan, qui n'est qu'une vaste plaine, dont la moindre montagne ne rompt point l'uniformité, faisait, il y a peu de siècles, partie du golfe du Mexique.

Quand l'historien de la Pensylvanie montra à un Américain Indigène des productions

tions marines qu'il avait trouvées sur les Montagnes Bleues, qui se prolongent du Canada jusqu'à la Caroline, celui ci répondit qu'il n'y avait rien de merveilleux dans ce fait, parce que l'ancienne parole, (la tradition), attestait QUE LA MER AVAIT AUTREFOIS BAIGNÉ LE PIED DE TOUTES LEURS MONTAGNES.

D'ailleurs la quantité immense de coquillages, et d'ordinaire rangés par lits parallèles, qu'on rencontre dans toutes les parties du Nouveau Monde, manifeste assés son origine : on voit des collines entières de dépouilles marines à la Louisiane, à la Caroline, à la Virginie, au Tucuman, au Chili et jusqu'à la Terre de Feu : le fond du lit que recouvre la terre végétale aux Antilles, est un composé d'Astroïtes et de Madrépores.

Le Pérou, qui forme le plateau le plus élevé de l'Amérique, est lui-même, d'après le témoignage imposant d'Alphonse Barba, semé de coquilles convexes et concaves, que la demi-philosophie ne sçaurait attribuer aux Pélerins des Croisades, ni la théologie au déluge.

Je pourrais prouver encore, que l'Océan a abandonné depuis peu le Nouveau Monde, par l'absence de tous ces grands quadrupèdes, qui indiquent une terre long-temps cultivée, et par le phénomène singulier de deux seuls peuples civilisés, qu'on trouva dans son sein, à l'époque mémorable de sa conquête par les Pizarre et les Cortez : mais je ne crois pas avoir ici d'adversaire à combattre, et il semble presqu'inutile d'ajouter à ma cause le suffrage d'un hémisphère.

L'Amérique est donc un continent récemment conquis sur l'Océan, et, malgré le défaut de preuves de détail, la doctrine philosophique de l'analogie nous conduit à en dire autant des Terres Australes, qui, divisées aujourd'hui, se réuniront un jour du côté de l'Asie, pour ne faire qu'un seul massif des trois mondes.

Ici doit se terminer notre voyage sçavant sur toutes les plaines de la Terre ; il eut été bien moins pénible de le faire plus long, car les monuments qui attestent le séjour des mers, sur le sol que nous habitons, sont innombrables, et on copie plus aisément les Naturalistes, qu'on n'analyse les grands faits de la nature; mais la concision nous est commandée par la nature même de cet ouvrage, et par le désir de n'écrire que pour les philosophes.

DU SÈJOUR ANTÈRIEUR
DES MERS,
Sur les Montagnes Secondaires (a)

Un voyage sçavant sur toutes les parties planes du globe n'est pas, dans l'ordre philosophique, une démonstration complette du grand principe : que notre planète a eu l'Océan pour première atmosphére. Le Sceptique s'attend sans doute à une preuve d'un ordre supérieur, et cette preuve la voici : IL A EXISTÉ, OU IL EXISTE ENCORE DES PRODUCTIONS MARINES, SUR TOUTES LES CLASSES DE MONTAGNES, SOIT CALCAIRES, SOIT PRIMORDIALES.

(a) Les Notes de ce Chapitre sont dans le Tome suivant, à cause du rapport immédiat qu'elles ont avec le Chapitre, qui fait l'ouverture de ce Volume.

Ce que je dirai des monts Calcaires s'étendra aussi aux Volcans : car nous avons vû, dans la théorie de ces terribles bouches à feu, que ce ne sont que des montagnes Secondaires, que la fermentation des pyrites dans les cavernes du globe a incendiées : nous avons vû aussi que le contact des mers était nécessaire à leurs explosions.

Ainsi il résultera des faits que je vais rassembler, que l'Océan a couvert toutes les montagnes, et parconséquent la surface entière du globe.

Et ces faits se présentent tellement en foule sous ma plume, que pour ne point étendre un chapitre à la grosseur d'un volume, je suis contraint d'en faire le choix le plus sévère : pour les lecteurs intelligents le supplément de mon tableau sera l'histoire entière des voyages.

Ce n'est point un paradoxe de dire qu'on trouve des productions marines, depuis le point, où les montagnes primitives commencent à recevoir une enveloppe de terre végétale, jusqu'à celui de l'abyme des mers, qui touche au noyau du globe.

Nous avons vû, que les montagnes Calcaires n'étaient elles-mêmes organisées qu'avec des détriments de Coraux, de poissons et de coquilles : mais si l'œil vulgaire ne reconnaissait pas ces substances dans les marbres qui les représentent, on pourrait les lui montrer en nature, sur le sol des éminences Secondaires, qui hérissent la surface de nos deux mondes.

Nous connaissons par Paul Lucas, les buissons de Corail, des éminences calcaires addossées au mont Liban, leurs coquillages pétrifiés, et sur-tout les roches plates, qui conservent les empreintes des poissons de la Mer Rouge.

On objectera peut-être, que Paul Lucas, qui a vû le diable Asmodée dans la Haute Égypte, peut très-bien avoir mal vû la nature au mont Liban : mais le docteur

Shaw, dont la véracité est connue, confirme son témoignage : il a trouvé des Moules, des Hérissons de mer, et des Pétoncles, sur les montagnes voisines du Sinaï ; il a aperçu un grand nombre de Coraux, en creusant l'éminence de Nakoura, à peu de distance de Tyr : il assure que, sur le mont Castravan, au dessus de l'ancienne Berythe, il y a un lit de pierre, mince comme l'ardoise, dont chaque feuillet renferme l'empreinte de poissons si bien conservés, qu'on distingue, même sans microscope, les linéamens des écailles et des nageoires.

Le même voyageur a écrit que dans toutes les montagnes de la Libye, dont les sommets percent au travers des sables amoncelés, on ramasse une quantité prodigieuse de Coquilles Bivalves, dont les analogues se pêchent dans la Mer Rouge.

Oléarius nous a donné une bonne relation de la Perse, et voici un texte de son ouvrage, que l'incrédulité n'a jamais osé contredire.

» Nous montames jusques sur le haut
» des rochers, (où sont les sépulcres de
» Pyrmaraus), en cotoyant des précipices
» horribles; nous y trouvames plusieurs
» niches taillées dans le roc, et ce qui
» nous surprit le plus, nous vimes dans la
» voute, sur le sommet de la montagne,
» des coquilles de Moule en si grande quan-
» tité, qu'il semblait que toute cette ro-
» che ne fut composée que de sables et
» de coquilles : en revenant de Perse,
» nous vimes plusieurs de ces montagnes
» de coquillages, le long de la mer Cas-
» pienne ».

L'académicien le Gentil, qui a long-temps séjourné aux Philippines, a envoyé en Europe des Crabes pétrifiés, qu'il a trouvés sur les montagnes Calcaires des environs de Manille.

Rapprochons-nous de l'Europe, affin que

des témoignages suspects soient plus aisés à démentir. Il faudra bien que la crédulité théologique nous pardonne nos lumières, en faveur de notre véracité.

Le baron de Tott, qui a étudié la Crimée en homme d'État et en philosophe, observe qu'un lit de roches Calcaires couronne uniformement toutes ses montagnes. Ces roches offrent les traces les plus manifestes du travail des eaux : elles sont surtout semées d'Oursins, de Fossiles Univalves et d'huitres pétrifiées, tellement adhérentes, qu'on ne peut les détacher qu'avec le ciseau.

Ce même baron de Tott se promenait un jour, en épiant la nature dans les environs de Bachteseray : il remarqua un anneau de fer, placé au haut d'une roche inaccessible, et il en demanda l'usage à un Tartare : celui-ci lui répondit qu'IL SERVAIT A AMARRER LES VAISSEAUX, LORSQUE LA MER, EN BAIGNANT CES MONTAGNES, FORMAIT UN fort, de la gorge qui était a leurs pieds. Ce mot naïf d'un Barbare, à qui nos systêmes étaient inconnus, en dit assés au physicien qui veut l'entendre.

Cette Crimée, théâtre aujourd'hui d'une guerre qui la désole, avait d'autant plus de droits aux regards d'un sage observateur, que les tremblements de terre y étaient à peine connus, et que ses Pics n'offrant aucune trace d'éruption Volcanique, l'immutabilité de son sol permettait d'y déchiffrer les caractères mystérieux du grand livre de la nature.

Le rocher de Gibraltar, quoiqu'élevé de plus de douze cents pieds au dessus du niveau de la mer, est posé sur un lit de dépouilles marines et d'ossements humains; or, dit un des commentateurs de Dom Ulloa, la Méditerranée les y rassembla sans doute, avant sa séparation de la Mer Rouge. L'intervalle qui sépare ces deux mers, n'est formé que de coquillages.

On connaît dans la Gothie en Suède, une montagne d'Oddewalla, dont la substance est presque toute entière de coquilles de Moules.

Tous nos monts Calcaires en France sont chargés de ces médailles authentiques, qui attestent l'ancien séjour de l'Océan au dessus de leur cime : on distingue surtout, en ce genre, les montagnes de Gray en Franche-Comté, celles des environs de Besançon, celles de Dax en Gascogne, et le Mont St. Michel, près de Toul en Lorraine, qui fournissent à tous les cabinets d'histoire naturelle, des Astroïtes et des Madrépores.

Si l'on entre en Italie, on retrouve les mêmes productions marines sur les montagnes de Sienne, aux collines remplies de bois pétrifié, qui sont de l'autre côté du Tibre, en face du Monte-Mario, sur le Monte-Mario lui-même, et au sommet des montagnes de Gênes, qui procurèrent en

1667, au physicien Manfredi, des Turbinites, des Échinites, et des coquilles à perles.

Les montagnes de Bologne ne sont pas moins étonnantes, s'il en faut croire les mémoires de ses académies : il y en a qui sont organisées presque en entier avec des Conques et des Limaces de mer, entassées parmi des fragmens de Peignes et de Pétoncles.

Galéati a trouvé sur le mont Zibio jusqu'à du Corail : phénomène bien fait pour embarasser les demi-physiciens, qui, comme lui, expliquent la geographie physique du globe avec le déluge de Moyse. Car cette substance marine étant essentiellement attachée au rocher qui l'a vû naître, n'a pu flotter au gré des eaux, qui enveloppaient le mont Ararat, pour aller se reposer sur une montagne Calcaire de l'Italie.

Monti, aussi bon théologien que Galéati, et par conséquent aussi mauvais philosophe, attribue à ce même Cataclysme le transport des Pholades, sur d'autres montagnes des environs de Bologne ; et la raison qu'il donne en faveur de son système, est précisément celle qui devrait le faire rejetter. Il dit que son coquillage ne ressemble point à son analogue, qu'on pêche dans la mer de la Dalmatie.

Les physiciens, qui ont parcouru les montagnes Calcaires d'Allemagne, n'ont pas du moins préféré les dogmes de l'Inquisition à ceux de la Minéralogie, et Noë à la nature.

Le citoyen de Genève, qui, d'après ses voyages dans les Cercles de l'Empire, a écrit ses lettres physiques et morales sur le Globe, n'attribue pas au miracle du déluge Judaïque, les Corallines et autres corps marins, PLUS INNOMBRABLES QUE LE SABLE MÊME, qui forment les carrières du mont St. Pierre, près de Masthreicht, les lits de Vis, qui surmontent les montagnes d'Oppenheim; ni les blocs remplis de Cames;

qu'on voit sur celles des environs de Mayence.

Quand il visita le mont Heinberg, avec le professeur Blumenbach, ni l'un ni l'autre ne songèrent à rapporter à la chronologie du Pentateuque, l'époque de l'arrivée de ses Cornes d'Ammon, de ses Bélemnites et de ses Entroques.

Le Kalemberg, un des rameaux du Hartz, est, suivant le même écrivain, formé d'une roche de sable à couches ondulées. Il y avait autrefois une quantité innombrable de coquilles dans ses interstices : aujourd'hui, il ne reste que les vuides produits par leur destruction : mais l'empreinte de ces vuides est si parfaite, qu'en y versant une matière en fusion, on aurait le relief du corps marin qu'ils renfermaient. Ces vuides du Kalemberg ne sçauraient encore être des monuments de l'ouverture des Cataractes du ciel, ni de la retraite de l'Arche sur une montagne d'Arménie.

Combien je regrette, que cette Genèse, qui ne devait avoir quelqu'autorité, que pour les opinions religieuses, ait été pendant tant de siècles, la physique de l'Europe! elle aurait fait rétrograder l'esprit humain vers les ages de barbarie, si la philosophie n'avait pas recouvré peu à peu son empire démembré par la Foy; encore, avec quelle lenteur les hommes de génie ont-ils secoué toute cette poussière Théologique, qui leur voilait le spectacle de la nature; puisque Tycho-Brahé, intervertissait le système Planétaire, pour expliquer le miracle de Josué, et que Newton prostituait la plume qui avait dressé la Carte du firmament, à commenter l'Apocalypse !

Éclaircissements et Notes.

ECLAIRCISSEMENTS
ET NOTES.

Page 1 à 42.
(DU VÉSUVE).

Diodore de Sicile parle d'une de ses éruptions, antérieure à Hercule, *Biblioth. histor.* lib. 4.

Voici le texte étonnant de Camille Pellegrini sur l'origine de ce Volcan.

Admirabilis igitur, non vero impossibilis est res, Vesuvium, qui longè conjunctus est ab aliis montibus, surgat ad littus maris, temporibus antiquioribus, prodiisse ex sinu terræ, impulsum nativis ignibus suis. Per quæ autmaris pars quædam continenti subitò, adjecta, a t campus iste planus in montem satis amplu atque altum sublatus est. Voyès dissertat. de Campaniâ Felice dans le *Thesaur. antiquitat. Græv. et Gronov.* tome IX. part. secundâ, page 250.

On voit l'existence des cavernes du Vésuve par ce passage de Strabon.

TOME IV.

Supra hæc loca situs est Vesuvius, mons agris vinetus opimis, dempto vertice, qui magnâ sui parte planus totus sterilis est, cinerosus, cavernas que ostendens fissurarum plenas et lapidum color fuliginoso, ut potè ab igne exarsum, ut conjecturam facere possis, ista loca quondam arsisse et Crateras ignis habuisse, materiâ deficiente, extinctus fuisse. Voyez geograph. lib. 5.

Consultés sur la hauteur du Vésuve, mesuré par le Père della Torré, les *recherches sur les Volcans éteints*, page 3, et le *voyage pittoresque de Naples et de Sicile*, de l'abbé de Saint-Non, tome 1, page 209.

La conjecture sur l'époque de l'élévation du Vésuve, est d'un des frères de Luc : voici le texte, tel qu'il est consigné dans les *lettres physiques et morales sur l'histoire de la terre*, tome 2, page 416.

» Si j'osais former une conjecture sur l'époque
» de cet événement, il me semble qu'on pourrait
» l'assigner à cette grande éruption, arrivée l'an 79
» de notre Ere, qui ensevelit Herculanum et Pom-
» peyes. Il est bien difficile, d'expliquer par une
» simple éruption de la bouche ordinaire, les ter-
» ribles effets qu'il décrit ; cette quantité prodi-
» gieuse de matières jettées et dispersées au loin,

» qui, pendant trois jours, couvrirent le pays
» d'épaisses ténèbres, qui ensevelirent totalement
» des villes entières et couvrirent les campagnes
» à cinq lieues à la ronde : il est bien difficile
» surtout d'expliquer par là ce qu'il dit des bords
» de la mer : qu'ils semblaient inaccessibles à la
» flotte de son oncle, par les morceaux entiers de
» montagnes, dont ils étaient couverts. La bouche
» ordinaire du Volcan ne put donc suffire à cette
» quantité de matières embrasées, aux vapeurs et
» aux cendres qui se présentèrent au passage tout
» à la fois. L'embouchure creva ; de grands fragments s'en détachèrent et roulèrent jusqu'à la
» mer. Entrope confirme entièrement cette idée :
» le *sommet du Vésuve se rompit* : c'est son expression, en décrivant ce même incendie.

L'analyse de l'ouvrage Italien de Dom Francisco Serrao, est extraite du beau *voyage pittoresque de Naples et de Sicile*, de l'abbé de Saint Non, tome 1, page 185, et celle de l'*histoire du Vésuve* du Père della Torré, des *recherches sur les Volcans éteints*, page 22.

Les observations sur l'éruption de 1757, sont tirées des *lettres physiques et morales sur l'histoire de la terre*, tome 2, page 418.

Voyés, sur l'éruption de 1760, le supplément du père della Torré, à son *histoire du Vésuve*, page 2.

Les incendies de 1766 et de 1767 sont décrits par le chevalier Hamilton, *œuvres diverses*, page 29 et 52.

L'explosion de 1778 a été décrite par un des auteurs du *voyage pittoresque de Naples et de Sicile*, tome 1, page 196.

La dernière de 1779 se trouve dans le même ouvrage, page 205, et à la 42ième du 70ième volume des *Transactions philosophiques*, de la Société Royale de Londres.

Page 42 à 65.

(DES VOLCANS DU NOUVEAU MONDE).

VOLCANS DE LA NOUVELLE GRENADE. — Voyés sur celui de Velez, *l'histoire des voyages* tome 55, page 63, et sur celui de Tocayma, le même ouvrage page 58.

VOLCANS DU MEXIQUE. — Consultés sur celui de Popocatepec, *l'histoire de la conquête du Mexique*, de Solis, traduction Française, tome 1, page 405.

Sur ceux de Guatimala, le voyage de Thomas Gage, 4ième partie, chapitre 2, page 256, et celui de Lampier, tome 1, page 246; c'est au chapitre 1 du premier ouvrage, qu'on trouve les anecdotes sur les deux montagnes à éruption, dont l'une vomit de l'eau et l'autre du feu.

Et sur ceux qui sont aux environs de Nicaragua; le *voyage de Dampier*, tome 1, page 130 et celui de Waffer page 388.

VOLCANS DU PÉROU. — Nos guides sont Court, *histoire des voyages*, tome 51, page 237, la Condamine, *Journal d'un voyage à l'Équateur*, page 156; Bouguer, *mémoires de l'académie des sciences*, année 1744, *Journal de Don Ulloa*, pass. et *mémoires philosophiques* du même, traduction Française, tome 1, page 22.

Page 70.

(SUR LES TERREINS VOLCANISÉS DE SIBÉRIE).

Voyés une *relation d'un voyage aux monts Altaïces*, faite en 1781, et imprimée à Pétersbourg, page 9.

Page 71.

(SUR LES VOLCANS DE L'ALLEMAGNE);

Consultés les *lettres sur la minéralogie de l'Italie*

ÉCLAIRCISSEMENTS

de Ferber, page 81 et not. 81 not. et 78; et dans les œuvres du chevalier Hamilton, la lettre au docteur Pringle, page 455.

On peut ajouter à toutes ces authorités, celle de l'ingénieux de Luc, qui a consacré une partie du tome IV de ses *lettres physiques et morales sur la terre*, à la recherche des terrains Volcaniques de l'Allemagne : son texte est très-étendu, puisqu'il tient depuis la page 417 jusqu'à la page 521; je dois, à cause des faits précieux qu'il renferme, en offrir ici l'analyse.

» Il n'y a point de Cônes Volcaniques près des
» Laves des environs du Mein : ainsi elles n'ont
» pas coulé à la manière ordinaire; mais il y a
» une immense quantité de Volcans dans les pays
» voisins : c'est-à-dire, qu'il y est sorti des mon-
» tagnes de matières fondues, qui se sont accumulées,
» par des canaux prolongés, jusqu'aux sommets des
» Cônes. Ces matières ont laissé des vuides pro-
» portionnés, sous la croute naturelle du sol, et
» probablement il y avait des galeries, par lesquelles
» toutes ces bouches communiquaient.

» Les Laves du Mein sont un trait important
» de la surface de la terre, et quand on viendra
» à comparer tous les phénomènes de ce genre, qui

» se découvriront sûrement, je ne doute pas que
» ceux-ci ne mènent loin, dans la connaissance des
» révolutions, que la croute de notre globe a
» essuyées.

» A Butzbach, je retrouvai la Lave dans les pa-
» vés et dans les murs, et on m'apprit qu'elles
» étaient sous la ville même.

» Tous les Cônes des environs de Wetzlar me
» parurent des montagnes Volcaniques : et ce qui
» acheva de me le démontrer, fut la rencontre
» des Basaltes irréguliers, que je fis à quelque
» distance de là, sur la grande route.

» Je continuai mon voyage du côté de Cassel, et
» en approchant du château de Wessenstein, je
» vis recommencer la trace des matières Volcani-
» ques, que j'avais perdue un moment.

» Les premières substances de ce genre qui s'of-
» frirent à mes yeux, furent des boules de Basaltes
» à couches concentriques : on en retrouve le cours,
» dans les bois d'une colline de Wessenstein ; mais
» il y a une enveloppe de terreau, tout couvert
» lui-même de fragmens de Laves compactes qui
» descendent des sommités.

» Arrrivé au haut de la montagne de Carlsberg,
» je reconnus que j'étais sur le bord d'une im-

« mense couronne Volcanique. La totalité de la
» montagne n'est que la base d'un très-grand Cône,
» qui s'est abîmé sur lui-même, et ses rameaux
» sont les Laves qu'en sont sorties : tellement qu'il
» ne reste presque plus que les Laves elles-mêmes
» entremêlées du reste de la base, et voilà ce qui
» ôte à la montagne toute sa forme Volcanique,
» quand on ne la voit qu'à une grande distance :
» la vérité est que la masse entière du Carlsberg,
» à l'exception de son pied, n'est composée que de
» matières sorties d'une bouche de feu.

» Dans le bas de la montagne, la Lave a tota-
» lement perdu son apparence extérieure ; ses
» fragmens roulés et décolorés, sembloient aux yeux
» peu exercés, de la pierre commune : que de
» montagnes pareilles sont Volcaniques sans qu'on
» le sçache ! désormais je suspecterai toute pierre
» d'un gris terne, sans régularité dans les cassures :
» et si ces cassures sont noirâtres, parsemées de points
» brillants ou de petits vuides, ou de corps étran-
» gers, je regarderai de près à la montagne.

» En passant à Zieremberg, je remarquai, dans
» les murs qui font son enceinte, un mélange de
» Laves, de pierre à chaux et de Grès vitrescible,

» qui m'annonça que je devais trouver de toutes
» ces matières dans les environs.

» Sur la plaine qui est au pied du Houdenberg,
» je ne vis tout le long de ma route que de la Lave
» roulée et broyée : mais ces matières Volcani-
» ques n'étaient qu'à la surface : le vrai sol était
» de la pierre à chaux feuilletée : c'est le sol com-
» mun de toute la vallée et de la base de ses mon-
» tagnes.

» Le sommet de Houdenberg n'indique aucune
» trace de travail des hommes : il ressemble en
» tout à celui d'une montagne Volcanique récente :
» il paraît que la cime du grand Cône s'est en-
» foncé une fois, laissant une petite couronne, du
» milieu de laquelle s'est élevé un nouveau Cône :
» c'est l'image parfaite du Cratère du Vésuve.

» Bien que tous ces Volcans se soyent élevés du
» fond d'une mer ancienne, et que cette mer ait
» surpassé les sommets de toutes les montagnes,
» où l'on trouve des corps marins, je ne crois
» pas qu'elle se soit maintenue à cette grande hau-
» teur, jusqu'à l'époque où elle s'est entièrement
» retirée de dessus nos terres. Je pense au contraire
» qu'elle s'est abbaissée successivement par l'ouver-
» ture de quelques cavernes, et qu'ainsi plusieurs

» des Volcans anciens, ont pu élever leurs som-
» mets au dessus des eaux, quoiqu'elles fussent en-
» core dans leur premier lit ; et les façonner ainsi
» à la manière de ceux qui brulent encore dans
» les Isles ou sur les bords de nos continents.

» Au de là du Houdenberg, est un vaste pays
» qui offre plusieurs sommités Volcaniques, iso-
» lées de la Chaîne, entre lesquelles est probable-
» ment le Lomsberg.

» En descendant vers Zieremberg, j'observai
» un de ces petits Cônes, dont toutes les bases
» des grands Volcans de cette partie de l'Allemagne
» sont garnies, comme de rejettons. Ce Cône s'éle-
» vait de 70 à 80 pieds, au dessus des couches
» de pierre à chaux dont il était environné, et il
» était composé d'une couche de cendres que le
» temps avait durcie.

» En suivant les hauteurs du côté de Durreberg,
» je vis de jolis grouppes de petits Basaltes irrégu-
» liers, de 2 à 6 pouces de diamètre ; ce qui,
» sous certain point de vue, leur donnait la forme
» de ruches d'abeilles.

» Les Talus du Durreberg attirèrent aussi mon
» attention : il y avait dans ses flancs une carrière
» ouverte qu'on exploitait : les couches supérieures

» me parurent de cendres durcies, et au dessous,
» une Lave si compacte, qu'elle pouvait à peine
» être entamée par le marteau.

» Le mélange de matières Volcaniques et Cal-
» caires, que je trouvai partout, me firent de-
» mander à moi-même si les feux souterreins avaient
» fait leurs éruptions au travers des couches de
» pierre à chaux, déjà formées, comme dans les
» montagnes de Shiste, de Cologne et de Trèves :
» ou si ces éminences Calcaires so sont formées
» autour des Volcans appaisés.

» Je crus résoudre le problème, en concluant
» que c'est pendant le séjour de nos continents
» sous les eaux, que les feux souterreins y firent
» leurs ravages, préparant ainsi, comme la mer, des
» montagnes pour les continents futurs.

» Il est à présumer au contraire que les Vol-
» cans du pays de Trèves brulaient encore, dans
» les derniers temps du séjour de la mer sur nos
» terres : et c'est à la retraite de ses eaux qu'est
» due la cessation de leurs éruptions.

» La route de Cassel à Gottingue offre les
» mêmes indices Volcaniques, dans les collines qui
» les séparent.

» Un gros Basalte Prismatique sert de borne à

» un petit pont, vers les frontières de la Hesse et
» du pays d'Hanovre, et forme le pavé du chemin
» qui conduit à Lotterberg.

» Une chaussée, qui est à quelque distance,
» n'offre que du Basalte brisé, recouvert de pierres
» à chaux.

» Le Glichen, montagne isolée, peu éloignée
» de la Chaine du Hartz, me paruit aussi un Cône
» Volcanique, enveloppé de pierre Calcaire : la figure
» de ce Cône est assez singulière, en ce que les
» deux espèces de fleurons opposés de sa cou-
» ronne portent des châteaux.

» En approchant du Crelischberg, du côté de Got-
» tingue, je vis que la route suivait la croupe commu-
» ne sur laquelle s'élèvent les Cônes Volcaniques,
» et dans toutes ses inflexions, pendant une mar-
» che d'une heure et demie, je ne trouvais que de la
» pierre à chaux : ses couches sont certainement
» telles qu'elles ont été formées par la mer ; quel-
» ques unes renfermaient des corps marins, c'é-
» taient des Cames et des Tuyaux de Vers.

» Le Crelischberg lui-même est très-Volcanique :
» je le reconnus aux grosses pierres de Basalte,
» couvertes de mousses, dont était hérissé, sur quel-
» ques points de sa surface : à mesure que je mon-

» tais, ces blocs devenaient plus gros et plus dé-
» couverts, et je parvins ainsi à une sommité, qui
» n'était qu'un fleuron de la couronne Volcanique.

» Je fis les mêmes observations sur deux mon-
» tagnes voisines du Crebinberg, et il me parut
» hors de doute que ces trois Cônes Volcaniques
» ne fussent nés sous les eaux de la mer, et
» qu'après la cessation de leurs éruptions, les
» vagues n'y eussent déposé les matières Calcaires
» qui recouvrent leurs bases. La mer a ainsi formé
» une Chaîne de montagnes secondaires, où les
» Éminences dues au feu ne s'apperçoivent, qu'au-
» tant que leur sommet a été assés élevé pour rester
» au dessus des dépôts.

» J'ai trouvé dans toute ma course, que les arbres
» croissent aisément sur les Cônes de Laves ou de
» Basaltes, parce que, sans beaucoup de terreau,
» leurs racines se prolongent dans les fentes, où
» l'Humus Végétal les accompagne, au lieu que le
» sable pur leur oppose de la résistance.

» La masse du Dransberg n'est qu'une Lave d'une
» nature singulière : elle est composée en grande
» partie de Prismes, de Basaltes triangulaires, dont
» les extrémités sont diversement inclinées, et d'une
» seconde classe de cette matière Volcanique, qu

» forme des Polyedres, ayant la configuration de
» fuseaux. La couche de Terre Végétale qui recouvre
» cette Lave n'a pas plus de sept à huit pouces
» d'épaisseur.

» Cette forme annonce plus d'ancienneté dans
» ces Volcans, que dans ceux de l'Etna et du
» Vésuve ».

Page 73.

(SUR LES PAVÉS DE GÉANTS DES HEBRIDES).

Voyés, *voyage aux montagnes d'Ecosse*, trad.
de l'Anglais en 1785, tome 1, page 281 et 232.

Page 77.

(SUR LE SOL VOLCANISÉ DE L'ITALIE);

Voyés, *œuvres du chevalier Hamilton*, page 18
et 20, et *lettres sur la minéralogie* de Ferber,
page 277 et 298.

Il y a dans Barthelemy Fatius, historien d'Alphonse I., un témoignage sur l'ancien Volcanisme de l'Astruni : voici son texte : *locus Neapoli quatuor millia passuum proximus quem vulgò Listronea vocant, nos unum è Phlegræis campis ab ardore nuncupandum putamus.*

On peut ajouter à nos authorités sur la métamorphose des anciens Cratères en lacs, celle de la Condamine. Cet académicien ingénieux, voyant le lac Albain, se rappella celui Quilotoa, qu'il avait décrit dans son *voyage à l'Équateur*, et dont les eaux exhalaient quelquefois des flammes : il en conjectura que le lac Albain ainsi que ceux de Borsello, de Ronciglione et de Bracciano, sur la route de Rome à Florence, devaient être les entonnoirs d'anciens Volcans épuisés. Voyés une note du baron de Dietrich à la page 363 de son édition des *lettres* de Ferber, *sur la minéralogie de l'Italie*.

Les détails sur les Cratères continus des Champs Phlégréens, sont tirés du *voyage pittoresque de Naples et de Sicile*, tome 2, page 165.

Page 82.

(SUR LES VOLCANS ÉTEINTS DE LA FRANCE).

Nos guides sont M. Desmarets, dans ses excellents mémoires sur le Basalte, etc. imprimés dans le *recueil de l'académie des sciences* : Buffon, dans sa *minéralogie*, tome IX, page 35 : M. le Grand Daussy, dans son *voyage de l'Auvergne*, passim;

M. de Genssane, dans son *histoire naturelle du Languedoc*, tome 2, page 16, et 158; et surtout M. Faujas, dans ses *recherches sur les Volcans éteints du Vivarais et du Velay*, page 167, 265 et 455, 436 et 437.

Page 99.

(DE LA HAUTEUR DES MONTAGNES).

Sur les visions des Jésuites Riccioli et Kircher, voyés *geographiæ et hydrographiæ*, libr. im[...] en 3 volumes *in*-folio, Gruner dans sa *description des Glaciers*, et le naturaliste Genssane, dans son *histoire naturelle du Languedoc*, tome 2, page 16, 158 et 159.

Page 100 à 107.

(DES EXAGÉRATIONS DES ANCIENS, SUR LA HAUTEUR DES MONTAGNES).

Sur le mont Argée, en Capadoce. — *Omnium altissimus mons: cujus vertex nunquam nivibus privatur: de quo ainut qui conscenderunt; paucis vero contigit, sudo cœlo utrumque, cernimare, Euxinum scilicet atque Issicum*, voyés Strabon, *geograph*. lib. XII.

Le texte de Pline sur le mont Casios, n'est pas amphibologique amphilologique : *Catius, cujus excelsa altitudo, quartâ vigiliâ orientem per tenebras solem aspicit; brevi circumactu corporis, diem noctem que pariter ostendens ; ambitus ad cacumen XIX-M. pass. est altitudo per directum IV.* Voyés *histor. natural.* lib. V. cap. 22.

Voici celui d'Etienne de Byzance, sur le mont Cyllène ; *Cyllene, mons Arcadiæ stadiorum novem ultra octoginta pedes.....in hoc monte perhibent Merulas candidas existere et nequaquam alibi.* Voyés Stephan. Byzantin. *de urbibus et populis*, page 487.

Pline dit du mont Hémus—— *Hæmi excelsitas VI. M. passuum subitur.* Voyés *histor. natural.* lib. IV. cap 2.

Voyés sur le mont Olympe Aristot. *Meteorolog.*

Page 103 à 110.

(DES MESURES DES ANCIENS SUR LES MONTAGNES).

Pline dit de Dicéarque et du mont Pélion : *Cui sententiæ adest Dicearchus, vir imprimis eruditus, regum curâ permensus montes: ex quibus altissimus prodidit Pelion. M. CCL. pass.*

ratione perpendiculi. Voyés *histor. natur.* lib. 2. cap. 65. et son erreur de mesure se rectifie par un texte de Geminus, *element. astronom.* cap. 14.

Le mont Hæmus n'a que 6000 pas de hauteur, suivant le même Pline, *histor. natur.* lib 4. cap. 2.; et Martianus Capella sans doute avait mal lu cet homme célèbre, quand il interprète ces 6000 pas, par six milles ou deux lieues et demie de hauteur. Voyés la *geographia de Varenius*, revisée par le grand Newton, tome I. page 261.

Voyés, sur le rocher Aornos, Denys le Periégete vers 1149, dans le tome IV des petits géographes et Philostrate, *vit Apollon Tyanei*, lib. 2. cap. 10.

Agathemer, cité pour le mont Athos, peut être consulté *Compend. geograph.* lib. 2 cap. 9. dans le tome 2. des petits géographes, voyés aussi, sur la mesure de cette montagne, Busching *geograph.* tome 5. page 378.

Voici le texte d'Aristote sur le mont Caucase; il est tiré de son ouvrage sur les météores : *tantus hujus montis est altitudo, ut ad tertiam noctis partem, vertices illius solis adhuc radiis illustretur.*

Salluste dit, sur la même montagne, dans un de

ses fragmens historiques: *omnes qui circùm sunt, prominet altitudine millium passuum duorum.*

Page 110 à 134.

DE LA HAUTEUR ACTUELLE DES GRANDES MONTAGNES DU GLOBE.

Le Caucase.— *Voyages de Chardin*, tome 2 page 90, etc.

Quant à la mesure d'un de ses Pics, donnée dans les mémoires du prince Cantimir, j'évalue toujours le stade Russe, à cette époque, comme le stade Pythique des Grecs, qui l'a fait naître, et dont huit formaient le mille : l'ancien Werst était le vrai mille de la Russie, et ce n'est que par une dégradation successive qu'il est parvenu aujourd'hui à n'avoir que 547 toises.

L'Atlas.— On peut juger de sa hauteur, puisque Pline l'ancien le place, *in vicinium Lunaris circuli.* Voyés *histor. natur.* lib. V. cap. 1.

Pomponius Mela n'est pas moins exagéré : *usque in nubila erigitur : cœlum et sidera non tangere modo vertice sed sustinere quoque dictus est.* Voyés *de situ orbis*, lib. 3. cap. 10.

Consultés aussi Agathemer, *compend. geograph.*

lib. 2. cap. 9. dans le tome 2 des petits géographes ; Marmol, *description de l'Afrique*, tome 1. liv. 1. ch. 5 et 7, et les *voyages de Shaw*. tome I. page 8.

Le Pic de Ténériff. — Voyés Varénius *geograph. general.* tome 2, page 257, Robertson, *histoire de l'Amérique* tome 2, page 146 ; Kirchen dans la *description des glaciers* de Gruner ; Buffon *histoire naturelle*, tome 2, page 8 ; Laurent Echard, *dictionnaire géographique*, au mot *Teneriffe* ; le P. Feuillée, dans les *mémoires de l'académie des sciences*, année 1755 ; Bouguer et la Condamine dans les *recherches sur les modifications de l'atmosphère*, tome 3, page 316. Le docteur Héberdéen, *transactions philosophiques*, tome 47 ; et le chevalier de Borda, *mémoires de l'académie*, année 1776.

Le Vésuve. — Voyés, sur la mesure du Père della Torré, les *recherches sur les Volcans éteints*, page 5. Il ne faut pas croire qu'il y ait erreur dans le texte : l'absurdité serait la même, si on changeait les 1677 pieds, dont il s'agit ici, en 1677 toises.

Le calcul adopté par l'abbé de Saint-Non, se trouve

à la page 209 du tome 1. du *voyage pittoresque de Naples et de Sicile*.

Pour l'évaluation de M. de Saussure, elle est consignée dans une note de la page 77 du tome 2 des *lettres de Coxe sur la Suisse*.

LE MONT ETNA — Voyés Brydone, *voyage en Sicile*, tome I. page 228, et Coxe *lettres sur la Suisse*, tome 2, page 76.

LES PYRÉNÉES. — Voyés *observations faites dans les Pyrénées*, par M. Ramond, tome I. page 126.

LES MONTS TCHALOW ET RIESSKOPF. — Consultés Busching, *geograph.*, tome 5. page 444, et tome VI. page 294.

Ce grand geographe dit que l'opération de Schilling, pour la mesure de la dernière montagne, lui donne 22500 pieds : il s'agit ici du pied du Rhin, qui est inférieur au nôtre de quatre lignes et demie : ainsi il n'en faut compter que 21797, qui répondent à un peu plus de 3632 toises.

LES ALPES. — Voici le texte de Strabon, où il ne fait que se rendre l'interprète de Polybe. *Polybius de Alp. um magnitudine et altitudinis exhafaciens, cum iis, maximos Grœciœ montes contendit ut Taygetum, Lycœum, Parnassum, Olympum, Pelium, Ossam ; et de Thracœ montibus*,

b 3

Hæmum, Rhodopum, Dunacem, atque horum
quemque unius diei spatio, expeditum viatorem
fere conscendere, tantodem que spatio umbra
posse; ut Alpes, ne tota quidem quidem die
conscendi æquaquam posse, et longitudinem juxta
cum pestia porrectam esse CIƆCC studiorum,
voyez geograph. lib. IV, édit. Almeloveen page
519.

L'abréviateur de Strabon s'exprime ainsi : *aiunt
autem eorum Alpium vertissimum stadiorum esse
centum ac totidem descensum.* Voyez *Chrestomath.
ex Strabon. geographicar.* lib. 3 au tome 2 des
petits géographes.

La distance marquée par Pline est dans le texte
suivant : *mihi incerta hæc (Dicæarchi) videtur
conjectato. haud ignoro quosdam Alpium vertices, longo tractu nec breviore L millibus passuum ostendere.* Voyez *histor. natural.* lib. 2.
cap. 65.

Le général Pfyffer, donne au Pic de Screskorno
14400 pieds de hauteur. *Voyage en Suisse*, de
Coxe, tome 2 note de la page 74; et Busching 15000
géograph. 4, page 7.

Les mesures du Mont-Blanc données par le chevalier Shuckborough, se trouvent au tome 67 des

transactions philosophiques; celles de M. de Luc dans le *voyage de Suisse* de Coxe, note de la page 73, et celles de MM. Pictet et de Saussure, au *voyage dans les Alpes* de ce dernier, tome 2, page 172.

Pour donner une idée de la précision ingénieuse de la méthode de M. Pictet, je vais rapporter le texte même, où il expose ses résultats.

» J'avais commencé par déterminer avec le baromètre, la hauteur du glacier du Buet, et observé, depuis ce même glacier, la hauteur apparente du Mont-Blanc, au moyen du Sextant et de l'Horison artificiel, que je tiens de l'habile artiste d'Angleterre, M. Ramsden : et il me restait, pour en conclure sa vraye hauteur par dessus le Buet, à connaître la distance horisontale de ces deux montagnes, et l'effet de la refraction terrestre sur l'angle de hauteur observé.

» Le chevalier Schurckborough avait évalué avec précision les distances du Pilon au Mont-Blanc et au Buet, avec l'angle compris ; j'en ai déduit le troisième côté du triangle, sçavoir la distance horisontale du Mont-Blanc au Buet, que j'ai trouvée de 65443 pieds de France.

» Quant à la refraction, j'ai trouvé, par ma mé-

» thode, son effet sur l'angle de hauteur du Mont-
» Blanc, observé depuis le Buet, de 47 secondes
» et demie : ce qui l'a réduit à 4 degrés vingt
» minutes, 46 secondes et demie : cet angle, avec
» la distance horisontale de 65447 pieds, m'a donné
» 4974 pieds pour la hauteur du Mont-Blanc, par
» dessus le Buet : ce nombre augmenté de 109
» pieds, pour la correction qu'exige la rondeur de
» la terre, et ajouté à 8745 pieds, hauteur moyenne
» du Buet, donne 13828 pieds ou 2518 toises pour
» la hauteur du Mont-Blanc, sur le niveau du lac
» de Genève, plus grande de 55 toises, que celle
» que lui assigne M. de Luc, et plus petite de 19,
» que celle qui résulte des opérations trigonomé-
» triques du chevalier Schuckborough. Voyés,
» *voyage dans les Alpes*, d'Hor. Bened. de Saus-
» sure, tome 2, page 521.

Les Cordillères. — La vague évaluation de
3000 toises, donnée par Buffon à la hauteur des
Cordillères, se trouve *Histoire natur.* tome 2,
page 6.

Les vrayes mesures de ces montagnes, sont dans
la relation du voyage fait au Pérou par Bouguer et
la Condamine, imprimé dans les *mémoires de l'a-
cadémie des sciences*, année 1744, et dans les

observations astronomiques et physiques, de Dom Ulloa, tome 2, page 114.

LES MONTAGNES DE L'ARCHIPEL SANDWICH. — Voyés le dernier voyage de Cook, tome VII, page 41, 42 et 60.

Page 154 jusqu'à 187.

(DE LA DESTRUCTION DES MONTAGNES).

Voyés sur l'écroulement d'un rocher de Granit en Suisse, *voyages dans les Alpes*, de Saussure, tome 3, page 47.

Voyés sur les Pyrénées, *l'essai sur la minéralogie des Pyrénées*, par l'abbé Palassou, page 154.

L'anecdote sur la dégradation des montagnes d'ardoises, est de M. de Saussures, *voyage dans les Alpes*, tome 2, page 204.

Celle sur la montagne de Saint Domingue, est de Varenius, *géographie générale*, tome 1, page 166.

Voyés sur les montagnes ruinées de la Suède, la *collection académique*, partie étrangère, tome XI, page 2.

Sur le rocher de Louron, les *observations faites dans les Pyrénées*, tome I, page 151.

ÉCLAIRCISSEMENTS

Sur les grottes de Kungur, dans la Chaîne Ouralienne, *L'histoire des découvertes des voyageurs*, tome IV, page 405.

Sur le mont Vallach, dans la Carniole, la *gazette de Francfort*, du 15 décembre 1789.

Voici le texte d'Abulfeda, sur les monts écroulés du golfe de Perse: *super ostium maris Persici, in mari Indico, est Aldodour, hoc est tres montes è quibus unus nominatur Kasir, alter Awir; tertius est anonymus; aquâ maris illic vorticibus circumagitatur, et naves huc appellentes scoliæ franguntur. Ferunt hos montes a mari submersos et fastigia eorum solùm eminere.* Voyez *descript. maris Persici*, page 69.

Le passage de Donati, cité dans le texte, se trouve, *essai sur l'histoire naturelle de la mer Adriatique*, page 11.

La citation de Pallas sur les roches de la Sibérie que les neiges décomposent, se trouve dans l'*histoire des découvertes des voyageurs Russes*, tome V, page 461 et 462. L'anecdote qui suit est extraite du même ouvrage, tome VI, page 250 et 251.

Sur les glaciers de la Suisse, voyez *voyage pittoresque* de M. de la Borde, tome I, page 12:

voyages dans les Alpes de M. de Saussure, tome 2 page 241, et *histoire universelle des glaciers de la Suisse* de Grüner, traduction de M. de Keralio, *passim*.

L'anecdote sur le bloc de Granit, qui se précipite du haut d'un glacier, est de M. de Saussure, *voyages dans les Alpes*, tome 2, page 276.

Le trait sur la fameuse Lavango de 400 pieds, est tiré du *voyage pittoresque de la Suisse*, par M. de la Borde, tome I, page 19.

La montagne de Perse, qui brule lentement, a été vue par Gmelin ; voyés, *histoire des découvertes des sçavants voyageurs*, tome IV, page 49.

Le désastre du mont Acraus en Syrie, est tiré de la *collection académique*, partie étrangère, tome VI, page 515.

Celui de l'Isle de Java est dans la *géographie générale*, de Varénius, tome I, page 273, et dans la *gazette de France* du 21 mai 1775.

L'observation sur la montagne de la Table en Afrique, est de M. le Vaillant, *voyage dans l'intérieur de l'Afrique*, tome I, page 66 et 71.

Voyés sur le rocher de l'Islande, *mélanges intéressants*, tome I, page 153, et sur le Promontoire de Norwège, journal étranger, mois d'Auguste 1755.

Sur les montagnes de Franche-Comté et de Bigorre, la collection académique, partie étrangère, tome VI, page 324, et 568.

Sur celles de l'Espagne, le même ouvrage, page 577.

Sur celles de la Suisse, la même collection, page 509, 549, 551, 552, et 557.

Et sur un des Pics des Cordillères, le voyage du Pérou, dans les mémoires de l'académie des sciences, année 1744.

Le rocher cubique des monts Altaïce, a été observé par M. Patrin, voyage aux monts Altaïce, page 14.

Il est parlé des Tours d'Adorsbach, dans la géographie de Busching, tome VI, page 160.

Consultés sur la montagne caverneuse de Saint Domingue, Varenius, geograph. general., tome I. page 166.

Sur l'inclinaison des couches dans les Pyrénées, Buffon, histor. natur., supplément, tome X, page 46.

Sur la descente du terrein du village de Guer,

les *mémoires de l'académie des sciences*, année 1769.

Et sur le désastre de Praslino, les *mémoires de physique*, de Guettard, tome 3 page 218.

La remarque sur les monts Altaïce, est du voyage à cette Chaîne par M. Patrin, page 8.

Voyez, sur la chute de la montagne de Conto, deux historiens Allemands contemporains, cités dans le *voyage pittoresque de la Suisse*, de M. de la Borde, tome I. page 93.

Sur la destruction du mont Diablereí, les *mémoires de l'académie des sciences*, année 1715, et la *nouvelle description des Alpes*, par M. Bourrit, tome I. page 99.

Et sur celle du mont Passy, près le Mont-Blanc, la lettre Italienne de Vitaliano Donati, sur cet évènement.

Page 187 à 207.

(DES TRACES, DANS L'ANCIENNE TRADITION, SUR LA DOUBLE ORGANISATION DU GLOBE, PAR L'EAU ET PAR LE FEU).

Sur l'allegorie de Vulcain. — » Hélios, dont
» le nom signifie le Soleil, a régné le premier en
» Égypte : quelques prêtres donnent cependant ces

» avantage à Vulcain, inventeur du feu, et disent
» que ce fut cette découverte même, qui lui pro-
» cura la royauté. Voyés Diodore. *Biblioth. histor.*
lib. 1 cap. 7.

Voici quelques fragmens du texte d'Hésiode, tirés de la traduction littérale adoptée par Winterton.

Fervebat autem terra omnis et cœlum atque mare......
Flamma autem fulmine icti, cum impetu ferebatur illius regis.
Montis in concavitatibus, ovacis asperis
Percussi. Multa autem vasta ardebat terra
Præ vapore ingenti..............
.... aut ferrum quod solidissimum est,
Montis in concavitatibus victum igne ardente
Liquescit in terrâ divinâ, sub Vulcani manibus :
Sic sanè liquescebat terra jubare ignis ardentis..
Alii deinde è tellure et cœlo prognati sunt
Tres filii magni et prævalidi, non nominandi
Cottus que, Briareus que, Gyges que, superba proles
Quorum centum quidam manus ab humeris prœminebant
Inaccessi: capita vero unicuique quinquaginta...

*Domos incolunt in Oceani fundamentis
Cottus atque Gyges : Briareum quippe bonum
existentem
Generum suum fecit graviter fremens Neptunus :
Dedit autem Cymopoleum uxorem, ut duceret
filium suam.*

Hésiod. *Theogon.* apud poët. *Minor. Græc.* à la page 106.

Il est inutile de citer Hésiode, et les poëtes qui l'ont copié, pour les autres anecdotes connues de la guerre des Géants.

Le texte d'Apollodore n'est point problématique : *sunt qui in Phlegræis campis . . . eos (gigantes) habitasse ferunt.* Voyez l'Apollodore de l'édition de Londres, donnée par Thomas Gale en 1675, lib. 1, cap 6, page 16.

Ovide a dit dans ses Métamorphoses, sur la fable de Phaëton :

. . . . *unum
Esse diem sine sole ferunt, incendia lumen
Præbebant.*

Le texte d'Aristote sur le même sujet est *in meteor.* et celui d'Eusèbe, *in Chronico.*

Voici le passage original de l'abbréviateur de

Trogue Pompée, sur la double organisation du globe par l'eau et par le feu.

Ce passage est d'une trop haute importance, il est trop conforme à notre théorie, pour ne pas le présenter au philosophe, juge né de tous les systèmes, dans toute son intégrité.

Cœterùm si mundi quæ nunc partes sunt, aliquando unitas fuit: sive ignis, qui et mundum genuit, cuncta possedit; utriusque primordii Scythas origine præstare. Nam si ignis prima possessio rerum fuit, qui paulatìm extinctus sedem terris dedit; nullam prius, quam Septentrionalem partem, hyemis rigore ab igne, secretam: adeò ut nullo qua qua nulla magis riget frigoribus.... quod si omnes quondam terræ submersæ profundo fuerunt; profectò editissimam quamque partem, decurrentibus aquis, primum detectam, humillimo autem solo eamdem aquam diutissimè immoratam: et quantò prior quæque pars terrarum siccata sit, tantò prius animalia generasse cœpisse. Porrò Scythiam adeò editiorem omnibus terris esse, ut cuncta flumina ibi nata, in Mœotin, tum deindè in Ponticum et Ægyptium mare decurrant. Voyez Justini, histor. Philippic. lib. 2, cap. 1.

Page 207 à 222.

Page 207 à 212.

DU GRAND PRINCIPE, QUE LE MONDE, TEL QU'IL EST DESSINÉ, EST L'OUVRAGE DE L'OCÉAN).

Voici le texte tiré du dernier chapitre de la Genèse :
Terra autem erat inanis et vacua . . . et spiritus Dei ferebatur super aquas. . . .

Et fecit Deus firmamentum, divisit que aquas quæ erant sub firmamento, ab his quæ erant super firmamentum.

Dixit verò deus : congregentur aquæ, quæ sub cœlo sunt, in locum unum, et appareat arida, et factum est it.

Et vocavit Deus aridam, terram, congregationesque aquarum appellavit maria.

SUR L'UNION DE LA NATURE ET DE LA THÉOLOGIE, TENTÉE PAR BUFFON. — Ce philosophe avait si peur que la Sorbonne ne sapât le trône qu'il s'était érigé au Jardin du Roi, qu'il a soin d'ajouter : » ces » deux sciences ne peuvent, selon moi, être en » contradiction qu'en apparence, et mon explication semble le démontrer : mais si cette explication, quoique simple et très-claire, paraî

» insuffisante... Je prie de considérer, que mon
» système étant purement hypothétique, il ne peut
» nuire aux vérités révélées, qui sont autant d'axiômes
» immuables, et auxquels j'ai soumis et je soumets
» mes pensées... Voyés *hist. natur.* supplément
tome IX, page 56.

Le texte de Saint Jean Lamascène: *In mundi principio, aqua in omnem terram stagnabat*, se lie au chapitre 9 du livre 2 de ses œuvres; et celui de Saint Ambroise: *terra erat invisibilis, quia exundabat aqua et operiebat terram.* lib. 1, *hexam*, cap. 8.

Voyés, sur la Cosmogonie d'Oannès, divers fragmens de Bérose, qui nous ont été conservés par Alexandre Polyhistor, et dans la Chronographie du Syncelle.

Sur celle des peuples de l'Orient, Saint Cyrille, *adv rs. Julian*, Julius Firmicus, *de error. profanar. relig.* et tous les mythologistes.

La traduction du fragment de l'Oupnekhat, un des livres sacrés de l'Inde, se trouve dans la *description historique et géographique* du P. Tieffenthaler, tome 2, page 304.

Consultés sur le système de Xénophane, *Orig. philosophumen.* cap. XIV, et sur ceux de Strabon, etc.

le premier livre de la *géographie* de Strabon. Le texte du géographe du siècle d'Auguste : *minimus ferè duobus in elementis... nequa terrestres magis sumus quam marini*, est dans le beau Strabon de l'édition d'Almeloween, tome I, page 17.

Page 222 à 249.

(DE L'IDENTITÉ ENTRE L'ORGANISATION DE LA TERRE ET CELLE DU FOND DES MERS).

L'*histoire physique de la mer*, du comte de Marsigli, a été donnée à Amsterdam, en 1725, en un volume *in*-folio, avec un grand nombre de gravures. On ne peut citer que vaguement cet ouvrage puisqu'on s'est borné, dans le texte, à faire une analyse philosophique de ses principes : cependant on peut consulter, si on avait quelque doute, les pages 2, 5, 9, et 53.

L'ouvrage de Donati a été imprimé *in*-folio à Venise en 1750, sous le titre *de in storia naturale marina dell Adriatico* : la traduction Française donnée par P. de Hondt à la Haye, ne forme qu'un petit in-quarto. — Voy. pour les textes cités, les pages 6, 7, 9 et 13 de cette dernière.

Les observations des Marsigli et des Donati, se concilient d'ailleurs avec celles de Moro : voyez, *relat. de fundo maris*, et avec d'autres rapportées par Fabricius, *théologie de l'eau*, lib. I, cap. 7.

Buffon, dans sa théorie de la terre, me paraît avoir expliqué, avec assez de méthode et de clarté, le méchanisme de la formation des montagnes marines. En voici le précis, en faveur de ceux que les objections vulgaires, contre notre doctrine, pourraient effrayer.

» Comme le mouvement des marées se fait par
» des alternatives journalières et répétées sans in-
» terruption, il est fort naturel d'imaginer, qu'à
» chaque fois, les eaux emportent d'un endroit à
» l'autre une petite quantité de matière, laquelle
» tombe ensuite comme un sédiment au fond de
» l'eau, et forme ces couches parallèles et horison-
» tales qu'on trouve partout ; car la totalité du
» mouvement des eaux, dans le flux et le reflux,
» étant horisontale, les matières entraînées ont dû
» nécessairement suivre la même direction, et se
» sont toutes arrangées parallèlement et de niveau.

» Mais, dira-t-on, comme le mouvement du flux
» et du reflux, est un balancement égal des eaux,
» on ne voit pas pourquoi tout ne serait pas com-

» pensé, et pourquoi les matières apportées par
» le flux, ne seraient pas remportées par le reflux.

» A cela, je réponds que ce balancement n'est
» point égal, puisqu'il produit un mouvement con-
» tinuel de la mer, de l'Orient vers l'Occident : que
» de plus l'agitation causée par les vents s'oppose à
» l'égalité du flux et du reflux; ajoutons, comme un fait
» reconnu, sur toutes les côtes où il y a des obser-
» vateurs, que le flux y amène une infinité de
» matières, que le reflux ne remporte pas.

» Mais pour ne laisser aucun doute sur ce point
» important, examinons de près la possibilité ou
» l'impossibilité de la formation d'une montagne,
» dans le fond de la mer, par le mouvement et par
» le sédiment des eaux; personne ne peut nier que
» sur une côte, contre laquelle la mer agit avec
» violence, dans le temps qu'elle est agitée par le
» flux, ces efforts réitérés ne produisent quel-
» ques changements, et que les eaux n'emportent,
» à chaque fois, une petite portion de terre de
» la Côte, ou même des fragmens de rochers. Ces
» particules seront nécessairement transportées par
» les vagues, jusqu'à une certaine distance, jusqu'à
» ce que le mouvement se trouvant ralenti, les
» abandonne à leur propre pésanteur, et les force

» à se précipiter, en forme de sédiment, pour former
» dans la mer, une première couche horizontale ou
» inclinée, laquelle sera bientôt surmontée d'une
» seconde : et insensiblement, il se formera sur ce
» sol un dépôt considérable de matières, dont les
» lits seront parallèles. Cet amas augmentera jusqu'à
» ce qu'il se forme dans le sein de l'Océan une
» montagne entièrement semblable, soit pour la
» composition intérieure, soit pour la forme exté-
» rieure, à celle de la terre ferme.

» S'il se trouve des coquilles, au lieu du dépôt,
» les sédiments les couvriront et les rempliront, de
» manière à s'y incorporer.

» Et il ne faut pas croire que ces transports de
» matières ne puissent pas se faire, à des distances
» considérables, puisque nous voyons tous les jours
» des graines et d'autre productions des Indes
» Orientales et Occidentales, arriver sur les Côtes
» d'Écosse et d'Irlande.

» Peu à peu les parties molles dont ces éminences
» secondaires sont composées, se seront durcies
» par leur propre poids ; les unes formées de par-
» ties purement argileuses, auront produit ces
» collines de glaise, qu'on trouve en tant d'en-
» droits : d'autres, composées de parties sablonneuses

» et crystalines, ont fait ces énormes amas de
» roches et de cailloux, d'où l'on tire le crystal,
» et les pierres précieuses : d'autres, faites de par-
» ties pierreuses mêlées de coquilles, ont formé ces
» lits de pierres et de marbres, où nous les retrou-
» vons aujourd'hui.

» Cette uniformité de la nature, cette espèce
» d'organisation de la terre, cette jonction de
» différentes matières, par couches parallèles, et par
» lits, sans égard à leur pésanteur, n'ont pu être
» produites que par une cause aussi puissante et
» aussi constante que celle de l'agitation des eaux
» de la mer, soit par le mouvement réglé des vents,
» soit par celui du flux et du reflux.

» Ces causes agissent avec plus de force sous
» l'Équateur que dans les autres climats : car les
» vents y sont plus constants, et les marées plus vio-
» lentes que partout ailleurs : aussi les plus grandes
» Chaines de montagnes sont voisines de l'Équateur.
» D'ailleurs, le nombre des Isles est prodigieux
» dans la Zône Torride ; et comme une Isle n'est
» qu'un sommet de montagne, il est clair que la
» surface de la terre a beaucoup plus d'inégalités
» vers l'Equateur que vers les Poles. Voyez *hist.
natur.*, tome I. page 118 à 137.

Sur les courans de Gibraltar, voyés *histoire physique de la mer*, du comte de Marsigli, page 45.

L'anecdote sur les Philippines est tirée du *voyage dans les mers de l'Inde*, de l'académicien le Gentil tome 2 page 6.

Sur l'organisation du globe par les mers — tous les livres d'histoire naturelle, qui sortent des presses de France, d'Italie, de Suisse, d'Angleterre et d'Allemagne, quoique contraires quelquefois sur les résultats, se réunissent sur le principe. Voyés le *Journal de Physique*, les *Transactions Philosophiques*, et les *Mémoires des académies*.

Un des derniers ouvrages les plus estimés sur l'histoire naturelle, est le *voyage dans les Alpes* du professeur de Saussure. Ce savant écrivain, sans être conduit par l'esprit de système, y a rassemblé une foule de faits, qui mettent notre grand principe à l'abri de toutes les atteintes du scepticisme.

« J'ai trouvé, dit-il, sur la petite montagne de
» Boissy, non loin du lac de Genève, des bancs
» calcaires interposés entre des lits de grès. Or, cette
» carrière suffit pour prouver que la mer a
» séjourné long-tems sur ces hauteurs, parce que
» les pierres calcaires ne se forment que par des

» sédimens successifs des eaux, peuplées d'animaux
» marins. *Voy. guide des Alpes*, tome I, page 341.
» La montagne du Grand Salève présente, du côté
» de Genève, de grandes assises à-peu-près horison-
» tales de rochers nuds et escarpés. Ces rochers ont
» dû former un des parois du grand canal, dans lequel
» coulait le courant primitif; ils ont dû par conséquent
» être rongés et sillonnés à peu près horisontalement,
» et les parties les plus saillantes ont été exposées
» aux érosions les plus considérables. — Au reste,
» les faits ont pleinement répondu à ces conjectures.
» Les tranches nues et escarpées des grandes cou-
» ches de cette montagne, présentent presque
» par tout les traces les plus marquées du passage
» des eaux, qui les ont rongées et excavées. On
» voit sur le rocher des sillons presque horisontaux,
» dont quelques uns ont cinq pieds de large, et une
» longueur double ou triple, sur un ou deux pieds
» de profondeur. Tous ces sillons ont leurs bords
» terminés par des courbures arrondies, telles que
» les eaux ont coutume de les tracer . . . et qu'on
» ne dise pas que c'est l'effet des pluies; car alors
» les excavations seraient perpendiculaires à l'ho-
» rison, ou dirigées suivant la plus grande incli-
» naison des faces des rochers; au lieu que celles-

» là sont tracées à peu-près horisontalement, sur des
» faces tout-à-fait verticales. Ces sillons sont donc
» les traces ou les ornières du courant qui a cha-
» rié dans nos vallées, les débris des rochers des
» Alpes, *ibid.* page 221.

» Si l'on peut trouver une clef de la théorie
» de la terre, relativement à la direction des cou-
» rans de l'ancien Océan, dans lequel les mon-
» tagnes ont été formées ; il faut la chercher dans
» la direction des plans des couches inclinées ; en
» faisant abstraction des cas rares et particuliers,
» dans lesquels on voit ces couches s'écarter du
» parallélisme, qu'elles observent généralement avec
» les Chaines de montagnes, qui résultent de leur
» assemblage ; et je crois être le premier qui ait ob-
» servé la généralité et l'importance de ce phé-
» nomène, *ibid.* tome 2, page 349.

» Les montagnes de la Sicile et de l'Italie, qui
» sont presque toutes de nature Calcaire, furent
» anciennement formées dans le fond même de la
» mer, qu'elles dominent aujourd'hui ; mais elles se
» dégradent comme les Laves de l'Etna, et retour-
» nent à pas lents dans le sein de l'élément qui
» les a produites ; *ibid. Disc. Prélimin.* tome 1.^r
» page vii.

» Tous les faits m'ont persuadé, que dans un
» temps bien antérieur à toutes les époques histo-
» riques, la mer couvrait nos montagnes, à une
» hauteur considérable... On ne peut, par exem-
» ple, révoquer en doute qu'à Genève le Plain-
» Palais, la plaine de Carouge, le Pré l'Évêque, etc.
» n'ayant été antérieurement couverts par les eaux,
» et ne se soient élevés par l'accumulation de leurs
» sédiments; le niveau de leur surface, les lits
» horisontaux du sable et de gravier, dont ces
» terreins sont formés, en sont des témoins irré-
» cusables. L'histoire civile vient même ici à l'ap-
» pui de l'histoire naturelle. Divers monumens con-
» courent à prouver que les eaux du lac couvraient,
» il y a douze à treize cents ans, toute la partie
» inférieure de la ville de Genève; que ces eaux
» se sont retirées par gradation, et que les maisons
» du quartier de Rive n'ont été bâties que depuis
» leur retraite, *ibid.* tome 1, page 217.

» Ce ne sont pas seulement les bords du lac et le pied
» des montagnes voisines, qui sont couverts de frag-
» mens de roches primitives; on en trouve de
» semblables dispersés sur le mont Salève et sur
» les pentes du Jura, jusqu'à la hauteur de trois

» eu quatre cents toises, au dessus du niveau du
» lac.

» Il faut donc que les eaux se soient élevées jus-
» qu'à cette hauteur.

» Mais comment ces masses de rochers ont elles
» pu être transportées sur des hauteurs, que de
» larges et profondes vallées séparent des Alpes pri-
» mitives?.. Voici l'hypothèse la plus vraisem-
» blable.

» Les eaux de l'Océan, dans lequel nos mon-
» tagnes ont été formées, couvraient encore une
» partie de ces montagnes, lorsqu'une violente se-
» cousse du globe ouvrit tout à coup de grandes ca-
» vités, et causa la rupture d'un grand nombre
» de rochers.

» Les eaux se portèrent vers ces abymes avec une
» violence extrême, creusèrent des vallées pro-
» fondes et entraînèrent des sables, des terres et
» des fragmens de toutes sortes de rochers. Ces
» amas à demi liquides, chassés par le poids des
» eaux, s'accumulèrent jusqu'à la hauteur, où
» nous voyons encore plusieurs de ces fragmens
» épars.

» Ensuite les eaux, qui continuèrent de couler,
» mais avec une vitesse qui diminuait graduellement,

» à proportion de la diminution de leur hauteur,
» entraînèrent peu à peu les parties les plus lé-
» gères, et purgèrent les vallées de cet amas de
» fange et de débris, en ne laissant en arrière que
» les masses les plus lourdes, et celles que leur posi-
» tion dérobait à leur violence. *ibid.* tome 1, page 203.

» Tout me démontre que chacun de ces blocs,
» dont je viens de parler, occupe encore exacte-
» ment la même place, dans laquelle il fut dépo-
» sé, par le courant qui le charia du haut des
» Alpes, lors de la grande révolution dont nous
» avons vu tant de vestiges. Cette pensée, lors-
» qu'elle me vint pour la première fois dans l'es-
» prit, me remplit d'une sorte d'admiration res-
» pectueuse pour des rochers, qui, préservés pen-
» dant tant de milliers d'années, sont demeurés, en
» silence, les monumens inconnus d'une des plus
» grandes catastrophes, que notre globe ait essuyées;
» je les examinai avec l'attention la plus scrupu-
» leuse; il me semblait toujours que je devais trouver,
» pour ainsi dire, quelque médaille qui m'ap-
» prendrait la date, ou du moins quelque circons-
» tance de ce grand événement : un grain de gra-
» vier de la grosseur et de la forme d'un œuf de
» pigeon, et quelques autres fragmens des roches

» primitives engagés sous un de ces blocs, ne pa-
» rurent être les derniers témoins du mouvement
» des eaux, qui ont transporté ces masses énormes.
» Du reste, les blocs eux-mêmes reposent sur le
» roc calcaire, absolument à nud et sans interposi-
» tion d'aucune autre matière. *ibid*. page 227.

Quelque longue que soit déjà cette note, je ne puis me refuser à joindre au suffrage du savant Génevois, celui du célèbre Coxe, et de son ingé-nieux traducteur. Je vais citer quelques textes de leurs *Lettres sur la Suisse*, imprimées à Paris, en 1781.

» Parmi ces pics énormes (le Mont-Blanc et le
» Saint-Gothard) qui paraissent de l'âge du monde,
» et dont le squelette montre à nud la matière, qui
» forme peut-être la seconde enveloppe du noyau
» de la terre, on remarque des montagnes plus
» récentes et d'une figure qui trahit le mystère de
» leur naissance ; ce sont de longues crêtes médio-
» crement élevées, qui serpentent entre les montagnes
» primitives, comme les courants qui les ont for-
» mées... Quel sublime tableau que celui de
» cette contrée ! Quelle étude que celle de ces
» monts de diverse origine, et d'âge différent,
» qui attestent les grandes révolutions de la nature,

» ses lents travaux et ses effrayants désastres ? Quelles
» annales pour l'observateur, que ces rochers que
» trente siècles ont formés ou détruits, que ces
» cadavres de montagnes renversées, dans les pro-
» fondeurs qu'elles dominaient, et ensevelis sous
» les glaces qui accompagnent la vieillesse de tous
» les êtres! *Lettres sur la Suisse*, tome 1, page 264.

» ..l'homme de génie qui sait lire dans l'histoire
» de la nature, franchit d'un pas les temps que nos
» fastes éclairent, et laisse derrière lui les na-
» tions; il pénètre dans une antiquité plus pro-
» fonde; il en fixe les époques; il en indique les
» révolutions. C'est du rivage des mers qu'il part.
» Là il recueille les faits les plus récents; il mar-
» que le hier de la nature; car pour elle les peu-
» ples n'ont qu'un jour; bientôt il atteint les col-
» lines voisines de leurs bords; celles que les eaux
» ont formées les dernières, lorsqu'elles achevaient
» de découvrir nos continents. Ce sont de longs
» cordons parallèles et peu élevés, ouvrage de
» leur lente retraite; car lorsque l'Océan les laissa
» derrière lui, il avait perdu sa première fureur;
» il tendait, avec moins d'impétuosité, vers le bassin
» qu'il occupe. Plus loin, les monts s'élèvent et
» se divisent en diverses chaînes, dont les direc-

» tions différentes annoncent le combat des eaux:
» Ici les contours sont marqués par de longues et
» profondes vallées; c'était une mer irritée qui bai-
» gnait leurs hauteurs et leurs précipices; de vastes
» bancs de coquilles et de productions végétales
» prouvent le long séjour qu'elle y a fait; leurs pé-
» trifications attestent le nombre de siècles écoulés,
» depuis qu'elle les a quittées. Plus haut les formes
» sont plus grandes; tout annonce de plus violents
» mouvemens, de plus puissans moyens, une an-
» tiquité plus reculée: chaque degré d'élévation
» ajoute un siècle à l'âge des monts, et l'observa-
» teur parvenu enfin à mille toises au dessus du
» niveau actuel des mers, est à la plus grande hau-
» teur, où l'on trouve des traces de leurs cours...
» Si on suppose cependant, que l'Océan a pu se sou-
» tenir long-temps à la hauteur des sommets au-
» jourd'hui inaccessibles de ces montagnes on pourra
» croire que ses eaux, encore dénuées d'habitans,
» et roulant un limon purement minéral, ont for-
» mé cet amas énorme de rochers simples. Au
» reste, que nous importent des systèmes à cet
» égard? L'existence des montagnes primordiales
» ne nous intéresse réellement, qu'à compter du
» moment où sortant du sein des eaux, entourées

de

» de ce revêtement de montagnes secondaires qui
» adoucit leurs formes, émousse leurs angles et
» doit servir de base à la végétation, elles s'en-
» chaînent et s'étendent en tout sens sur les conti-
» nents desséchés, pour diviser en régions leur
» étendue uniforme, et détruire ce niveau qui,
» à la fois, les exposerait à de nouveaux déluges et
» les condamnerait à une éternelle aridité, *ibid.*
tome 2, page 98.

Sur les Isles du Tropique Austral, formées de dépouilles marines, voyés le second voyage de Cook, édition in-quarto, tome I. page 295 et 156 et le tome 2, page 283.

Sur le travail de l'eau dans la formation des roches Calcaires, voyez Buffon, *minéralogie*, tome I. page 370. Nous avons consulté et quelquefois analysé le chapitre de la Génésie des minéraux, dans le tome VIII. de ce même ouvrage, pour quelques autres détails qui terminent ce chapitre.

Page 248 à 308.

DU SÉJOUR PRIMITIF DE L'OCÉAN, SUR TOUTES LES PARTIES PLANES DU GLOBE.

La preuve des plantes et coquillages exotiques;

trouvés dans nos climats, ou dont les analogues ne sont nulle part, se voit dans presque tous nos livres d'histoire naturelle : lisés la *minéralogie* de Wallérius, page 246, les *lettres physiques sur le globe* de J. de Luc, tome 6, page 508; le troisième tome des œuvres de Lehmann, *passim*; le quatrième des *mémoires de physique* de Guettard, depuis la page 1; la *géographie physique* de Wodward, depuis la page 43; le *dictionnaire des Fossiles*, du pasteur Bertrand; les *mémoires de l'académie des sciences*, années 1692, 1718 et 1743; et sur-tout le beau livre de Knorr, connu sous le nom de *recueil des monumens des catastrophes du globe*, édition Française donnée à Nuremberg en 1777, en 3 volumes in-folio, avec des gravures d'une grande magnificence ; c'est cette dernière collection d'histoire naturelle, qui m'a fourni quelques faits sur la fidélité des Pétrifications et des Empreintes; voyés tome 1, seconde partie, de la page 20 à la page 33. Le brochet du cabinet de Gesner, dont j'ai longtemps parlé dans le texte, forme la planche XXVI de ce recueil, et j'en ai tiré l'estampe XXI, qui représente un poisson dans une ardoise.

On pourrait consulter les mêmes ouvrages ; sur

les amas immenses de coquilles, qui couvrent la surface de l'Europe, ou qui remplissent son sol à de grandes profondeurs : j'invite surtout à lire quelques preuves de détail, *recueil des monumens de Knorr*, tome I. page 26, 28 et 29. *Commentar. académ. Bonon*, page 66, et *recueil des traités sur l'histoire naturelle*, du pasteur Bertrand, page 19.

Vers le commencement de ce chapitre, j'ai eu occasion de parler du nom de *jeux de la nature*, donné aux coquilles fossiles, par des observateurs superficiels : voici comment l'ingénieux Fontenelle s'exprime à ce sujet, dans son histoire immortelle de l'académie, année 1720 : « dans tous les siècles » assés peu éclairés, et assés dépourvus du génie « d'observation et de recherches, pour croire que » tout ce qu'on appelle aujourd'hui pierres figu- » rées, et les coquillages mêmes, trouvés dans la » terre, étaient des jeux de la nature, ou quelques » petits accidents particuliers, le hazard a dû » mettre au jour une infinité de ces sortes de » curiosités, que les philosophes mêmes, si c'é- » taient des philosophes, ne regardaient qu'avec » une surprise ignorante ou une légère attention; » et tout cela périssait, sans aucun fruit pour la

» progrès des connaissances. Un potier de terre,
» qui ne sçavait ni grec ni latin, fut le premier,
» vers la fin du seizième siècle, qui osa dire, dans
» Paris et à la face de tous les docteurs, que les
» coquilles fossiles étaient de véritables coquilles,
» déposées autrefois par la mer dans les lieux où
» elles se trouvaient alors : que des animaux, et
» surtout des poissons, avaient donné aux pierres
» figurées toutes leurs différentes figures, etc. il
» défia hardiment toute l'école d'Aristote d'atta-
» quer ses preuves : c'est Bernard Palissy, aussi
» grand physicien que la nature seule en puisse
» former un : cependant son système a dormi près
» de cent ans, et le nom même de l'auteur est
» presque mort : enfin les idées de Palissy se sont
» réveillées dans l'esprit de plusieurs sçavans :
» elles ont fait la fortune qu'elles méritaient : on
» a profité de toutes les coquilles, de toutes les
» pierres figurées, que la terre a fournies; peut-être
» seulement sont-elles devenues aujourd'hui trop
» communes, et les conséquences qu'on en tire sont
» en danger d'être bientôt trop incontestables.

» Malgré cela, ce doit être encore une chose
» étonnante, que cette masse de M. de Réaumur,

» de 130 millions 680 mille toises cubiques, enfouie
» sous terre, qui n'est qu'un amas de coquilles, ou
» de fragmens de coquilles, sans nul mélange de
» matière étrangère...

» Dans les faits de physique, de petites circons-
» tances, que la plupart des gens ne s'aviseraient
» pas de remarquer, tirent quelquefois à consé-
» quence et donnent des lumières. M. de Réau-
» mur a observé, que tous les fragmens de coquilles
» sont, dans leur tas, posés sur le plat et horison-
» talement... Il faut donc que la mer ait ap-
» porté dans ce lieu là toutes ces coquilles, et,
» comme elle les apportait flottantes, elles étaient
» posées sur le plat et horisontalement.

» Il s'ensuit aussi, qu'il faut que la surface de
» la terre ait été autrefois, du moins en quel-
» ques endroits, bien différemment disposée de ce
» qu'elle est aujourd'hui, que les mers et les conti-
» nents y ayent eu un autre arrangement, et
» qu'enfin il y ait eu un grand golfe, au milieu de
» cette Touraine, où est le grand amas de coquilles. »

AUTORITÉS SUR LA CHINE.— *Histoire des Huns*, par M. de Guignes, tome I. première partie, page 7.

SUR LA TARTARIE.— *Description de la Russie*;

du baron de Strahlemberg, édition de Stockolm ; *passim.*

Sur l'Inde. — *Description géographique de l'Inde* du P. Thieffenthaler, tome I, page 79, 105, 238, et 312.

Sur la Perse. — *Voyage de Corneille le Bruyn*, tome IV, page 50 ; et *découvertes des sçavants voyageurs*, tome 3, page 146 et 501, et tome 2, page 191 et 208.

Sur l'Arabie. — *Voyage en Arabie*, de Niebhur, édition in-quarto, de Coppenhague, de 1776, page 348.

Sur la Palestine. — *Voyage dans le Levant*, de Frédéric Hasselquist, édition de Von-Linné, traduction française, tome I, page 185, 187, 191, 227, 233, et tome 2, page 87 à 88.

Sur la Phénicie. — *Histoire de l'académie des sciences*, année 1705, et *voyage d'Alep à Jérusalem*, par Henry Maundrell, page 32.

Sur la Syrie. — *Voyage dans le Levant*, d'Hasselquist, tome I, page 240, et *voyage de Paul Lucas*, tome 3, page 326.

Sur Palmyre. — *Ruines de Palmyre ou de Tadmor au désert*, page 41.

Sur l'Asie Mineure. — *Quinti Curtii histor.*

lib. 3, cap. 1, Plin. *histor. natur.* lib. VI. cap. 2 ; Strab. *geograph.* lib. XI et XII : et *voyage dans le Levant*, d'Hasselquist, tome I. page 55.

Le texte de Nicolas de Damas sur la Phrygie, province de l'Asie Mineure, mérite d'être cité tout entier :

Nicolaüs Damascenus, libro quarto accentesimo historiarum, tradit, circa Apameam Phrygiæ temporibus Mithridatici belli, post terræ motum in eâ regione, lacus erupisse, ubi nulli antea fuerant, item quo amnes ac fontes terra concussa reclusos : multos contrà, qui prius extabant, evanuisse : tantam porrò aquæ amaræ copiam exturisse, eodem in agro, qui a mari plurimum aberat, ut vicina loca ostreis ac cœteris ejusdem generis piscibus, quos mare alere solet, opplerentur. — Voyés, *Excerpta Valesiana*, page 496. — Le texte d'Hérodote, cité à la suite, se trouve au livre second de son histoire.

Sur l'intérieur de l'Afrique. — *Lithothéologie* de Lesser, page 461 : *academie des sciences*, année 1692 : *voyages* de Shaw, tome 2, page 70 à 84.

Sur l'Angleterre. — *geographie physique*, de

Wodward, page 18 : *Rays Discourses*, page 178 : *lettres physiques* de Deluc, tome 2, page 260 : *transactions philosophiques*, année 1670, N°. 67. On peut joindre aux faits cités dans le texte, l'anecdote de la mine de sel, trouvée dans le comté de Cheshire, trente-trois brasses au dessous de la terre végétative ; voyés les mêmes *transactions*, année 1670, N°. 66.

Sur la Suède. — *géographie* de Busching, et *voyage en Scanie* de Von-Linné, dans le *recueil des traités sur l'histoire naturelle* du pasteur Bertrand, page 67.

Sur la Russie. — » Dès qu'on a creusé, à une » certaine profondeur, dans les couches d'argile, aux » environs de Moscow, on y trouve une quan- » tité de corps marins . . . on y voit aussi des » fragmens considérables de bois noir, tellement » pétrifiés, que, quand on les frappe avec l'acier, » ils donnent des étincelles. Voyés Gmelin, *histoire des découvertes des voyageurs*, tome I. page 65. Voyés aussi, pour les Pétrifications de l'Okka et du Volga, ibid. page 203 et 204 : pour la contrée, qui s'étend de Nowogorod à Pétersbourg, ibid. page 41, et pour les Pyramides de Pawlousk, ibid. page 156.

Sur la Pologne. — *Voyage de Coxe au Nord de l'Europe*, tome I. page 120, et *mémoires de l'académie des sciences*, année 1762.

Sur l'arbre d'Hilbersdorf en Bohème — *Commentarius, de rebus in scientiâ naturali et medicinâ gestis*, tome I. partie 3, article XXVIII. et sur le chêne de Transylvanie, *transactions philosophiques*, année 1669, No. 56.

On peut ajouter à cette nomenclature philosophique, des états de la maison d'Autriche, qui ont été évidemment sous les eaux, dans les temps antérieurs, ce que dit Busching des environs de Thorda en Transylvanie : « il y a, dit ce géographe, » à une demi-lieue de la ville, une mine de sel, » dans une colline d'ardoise argilleuse, environnée » d'autres petites collines de pierres calcaires : on y » voit aussi beaucoup de corps pétrifiés : et cette » remarque s'étend dans tout le pays depuis Enghed » jusqu'à Thorda, et de cette dernière ville à » Clausembourg, d'où il faut conclure, que la » mer a couvert ci-devant cette contrée. Voyez *géographie*, traduction Française, tome 3, page 255.

Sur la Grèce. — Tout le monde sçait que le mot de Pélasges doit dériver du mot grec *Pelagos* ; et désigne ainsi des hommes de mer : mais ce qu'on ignore communément, c'est qu'Eustathe dans ses commentaires sur Homère, prétend que l'ancienne Arcadie portait le nom de Pélasgie ; et que, suivant le géographe Etienne de Byzance, on distinguait par le nom de Pélagonie, une partie de la Macédoine.

Sur le Piémont. — *Lettres sur la minéralogie* de Ferber, 469 et 470.

Sur le Véronais. — *Histoire de l'académie des sciences*, année 1703 ; *lettres sur la minéralogie* de Ferber, page 64, et Bonnani, *Muséum Kircherian*. page 198.

Sur le sable de Bologne. — *Commentar. Academ. Bonon.* page 66, ou encore mieux, l'analyse d'un mémoire de Beccari, dans la *collection académique*, partie étrangère, tome X. page 90.

Sur la Toscane. — *Voyage dans les Alpes* de Saussure, tome I. page 56.

Sur les coquillages de Sienne. — Busching, *géograph*. tome XII. page 615. et Ferber, *lettres sur la minéralogie*, page 378.

Sur la ville de Volterre. — Sténon, *dissertat. de solid. intra solid. prodrom.* page 95.

Sur les coquillas des environs d'Ostie. — Ferber, *lettres sur la minéralogie*, page 287.

Sur le sel fossile du Danube. — *Danubius Marsigii*, tome 3, page 45.

Sur le Crocodile de la Thuringe. — *Miscellan. Berolinens.* tome I. page 99.

Des lacs salés de la Saxe. — *Éphémérides des curieux de la nature*, décad. 2. année 1687, observ. III.

D'une observation de Leibnitz. — *Histoire de l'académie des sciences*, année 1706.

Citations de J. A. de Luc. — *Lettres physiques et morales sur l'histoire de la terre*, tome 3, page 17, 24 et 57.

Sur les fossiles de Magdebourg. — *Histoire de l'académie des sciences de Berlin*, tome I. année 1745.

Sur celx de la Marche de Brandebourg. — *OEuvres* de Lehmann, tome 3, page 22, etc.

Sur la Hollande. — Ma notice géographique est extraite de diverses observations manuscrites, que des Hollandais m'ont communiquées. Au reste, tous les livres d'histoire naturelle, imprimés dans la langue du pays, confirment ma théorie.

Sur la Flandre. — Buffon, *hist. natur.* tome 2, page 405.

Sur le Silex de Bougival. — *Mémoires de physique*, de Guettard, tome 3, page 4.

Sur les ponoïtes de Normandie. — *Mémoires de l'académie des sciences*, année 1751, où on les voit décrits et gravés.

Sur les Astroïtes. — *Mémoires de Guettard*, tome 3, page 8.

Sur la belle production marine du cabinet de la maison de Marbesia. — *Voyage dans les Alpes*, d'Horace de Saussure, tome 2, page 81.

Sur les découvertes de Bernard de Jussieu. — *Histoire et mémoires de l'académie des sciences*, année 1718 et 1721.

Sur celles du médecin le Monnier. — *Observations d'hist. natur.* Paris 1739, page 193.

Du Nautile de Normandie. — *Histoire de l'académie des sciences*, année 1722.

Des huitres a perles de Viviers. — Je vais transcrire la lettre du naturaliste, qui fait part au monde sçavant de cette découverte, et qu'on trouve à la datte du 6 juin, dans le Journal de Paris, de 1788.

» Je vous prie, Messieurs, de vouloir bien pu-
» blier, dans une de vos feuilles, l'extrait suivant
» d'une lettre que j'ai reçue dernièrement de M.
» de Flaugergues, père, de Viviers : ce sçavant

» distingué, en plusieurs genres, me communique
» un fait curieux, qui est bien digne des recher-
» ches des naturalistes et des méditations des
» Géologues.

» J'eus occasion dernièrement de montrer mon
» cabinet à un officier de ce pays qui revenait des
» Indes. Je lui présentai une huître fort grosse,
» dont la coquille était fort unie et bien différente
» de celle des nôtres : il décida qu'elle était per-
» lière, je la fis ouvrir avec le ciseau, et nous y
» trouvâmes en effet une perle assés grosse. J'en
» ai eu plusieurs autres semblables, que j'ai don-
» nées à différens particuliers, sans les faire ouvrir.
» On les avait tirées d'un banc qu'on trouve à
» Saint Montaut, village à une lieue d'ici, sous
» une montagne Calcaire fort élevée; c'est bien
» le cas d'admettre le séjour de la mer dans ce
» pays. Vous pouvés certifier le fait. »

Signé, le baron de Servières.

SUR LE PORTUGAL ET L'ESPAGNE.— Buffon, *hist. natur.* tome I, page 410 et 2, page 435.

SUR LA PÉNINSULE D'YUCATAN.— Herrera *descript. Indiæ Occident.* page 14.

lij ÉCLAIRCISSEMENTS

Sur la Pensylvanie. — L'écrivain cité est Bertrand, à qui nous devons une *histoire naturelle et politique de la Pensylvanie*.

Sur les coquillages du Pérou. — *Metallurgia d'Alonso Barba*, tome I. page 64.

FIN
DES NOTES
DU QUATRIÈME VOLUME.

TABLE DES CHAPITRES.

DU VÉSUVE, Page 1
DES VOLCANS du Nouveau Monde . . . 42
DES VOLCANS ÉTEINTS DE L'EUROPE . . . 65
DE LA HAUTEUR relative des Montagnes . . . 92
DE LA DESTRUCTION des Montagnes . . . 135
DE QUELQUES TRACES dans la tradition, sur la double organisation du globe, par l'eau et par le feu 187
AUTORITÉS PARTICULIÈRES, sur le grand principe : que le monde tel qu'il est dessiné, est l'ouvrage de l'Océan 207
DE L'IDENTITÉ entre l'organisation de la terre et celle du fond des mers 222
DU SÉJOUR PRIMITIF DE L'OCÉAN, sur toutes les parties planes du globe 248
ÉCLAIRCISSEMENTS et Notes, Page . . . 1

FIN
DE LA TABLE.

www.ingramcontent.com/pod-product-compliance
Lightning Source LLC
Chambersburg PA
CBHW060552170426
43201CB00009B/751